うんこ英単語カード

小学 1~6年生

1050 ENGLISH WORDS
AND PHRASES
WITH UNKO
FOR ELEMENTARY
SCHOOL STUDENTS

BUNKYOSHA

もくじ CONTENTS

おうちの方へ

本書に掲載されている内容は，学習にユーモアを取り入れ，お子様の学習意欲向上に役立てる目的で作成されたフィクションです。一部の例文において，お子様が実際に真似されますと，他の方に迷惑をおかけするような内容も含まれておりますが，本書はあくまでも学習用であり，お子様の不適切な行為を助長することを意図しているものではありませんので，ご理解いただきますようお願い申し上げます。

カードの特長と使い方

本書は『小学うんこ英単語1500』にのっている英単語・熟語の中から特におぼえておきたい1050語を選んでカードとして収録しています。

ミシン目にそってカードを切りはなしましょう。あらかじめ穴があいているので，市はんのカード用リングでとじて使いましょう。

カードリングは
文ぼう具屋さんや
100円ショップなどで
買うとよいぞい。

カードをめくってオモテ面とウラ面をそれぞれ確認し，英単語・熟語の意味を確認しましょう。うんこ例文も確認しましょう。

覚えたい英単語・熟語をまとめて持ち運ぶことで，いつでもどこでも英語の学習を進めることができます。

カードの構成

オモテ

見出し語

強く発音する部分に気をつけたい英単語にはアクセントマーク(▼)をつけています。

英検®マーク

英検®5級，4級，3級によく出る英単語にマークをつけています。

番号

うんこ例文

テーマ

発音記号・カナ発音

発音記号は辞書や教科書によって表記が異なることがあります。英単語の発音の目安をカタカナで示しています。

ウラ

一言アドバイス

用法や注意点を解説しています。

見出し語の意味 品詞と意味を示しています。

名	名詞	代	代名詞	動	動詞
助	助動詞	形	形容詞	副	副詞
前	前置詞	接	接続詞	間	間投詞

EXPRESSING UNKO

うんこの表記について

英語で「うんこ」はpoopなどと言いますが，この本ではunkoと表記しています。「うんこ」を使った英語の表現をいくつか見てみましょう。

うんこをする	do unko
うんこをもらす	do unko in *one's* pants
1つのうんこ	a piece of unko
2つのうんこ	two pieces of unko

※英語表現の幅を広げ，英文としての自然さを優先するため，一部の例文では小学校学習指導要領範囲外の文法を使用しているものもありますのでご了承ください。

うんこ英単語カード　小学1～6年生

作　　者　古屋雄作
デザイン　小寺練＋渋谷陽子
イラスト　大木貴子
DTP制作　川瀬結芽
企画・編集　品田晃一
英文作成・校閲　Joseph Tabolt

発行者　山本周嗣
発行所　株式会社文響社
〒105-0001
東京都港区虎ノ門2-2-5　共同通信会館9F
ホームページ　https://bunkyosha.com
お問い合わせ　info@bunkyosha.com
印　刷　日本ハイコム株式会社
製　本　古宮製本株式会社／有限会社高田紙器工業所

ISBN コード：978-4-86651-506-9　Printed in Japan
この本に関するご意見・ご感想をお寄せいただく場合は，郵送またはメール（info@bunkyosha.com）にてお送りください。

1050 ENGLISH WORDS AND PHRASES WITH UNKO FOR ELEMENTARY SCHOOL STUDENTS

5級

dog

[dɔːg] ドーグ

▶ A **dog** is barking at my unko.

動物 生き物 0001

5級

cat

[kæt] ケァッ

▶ My father's unko is about as heavy as a **cat**.

動物 生き物 0002

5級

rabbit

[rǽbit] レァビッ

▶ flick **rabbit** unko with my middle finger

動物 生き物 0003

4級

bear

[beər] ベアァ

▶ When I showed the **bear** my father's unko, it ran away.

動物 生き物 0004

5級

名 **イヌ**

イヌが私のうんこに向かってほえている。

0001 生き物 動物

5級

名 **ネコ**

父のうんこはだいたい**ネコ**と同じ重さだ。

0002 生き物 動物

5級

名 **ウサギ**

ウサギのうんこを中指ではじく

0003 生き物 動物

4級

名 **クマ**

父のうんこを見せたら,**クマ**はにげていきました。

0004 生き物 動物

5級

bird

[bəːrd] バ～ド

▸ That is unko with **bird** feathers stuck in it.

動物 生き物 0005

5級

pig

[pig] ピッグ

▸ I dreamed that I became **pig** unko.

動物 生き物 0006

5級

monkey

[mʌ́ŋki] マンキィ

▸ The **monkeys** are fighting over unko.

動物 生き物 0007

4級

lion

[láiən] ライオン

▸ I finally got some **lion** unko.

動物 生き物 0008

5級

名 **鳥**

それはうんこに鳥の羽をつきさしたものです。

0005 生き物 動物

5級

名 **ブタ**

ブタのうんこになる夢を見た。

0006 生き物 動物

5級

名 **サル**

サルたちがうんこの取り合いで
けんかしている。

0007 生き物 動物

4級

名 **ライオン**

ついに**ライオン**のうんこを手に入れた。

0008 生き物 動物

4級

koala

[kouá:lə] コウアーラ

▶ Don't bring unko near the **koala,** please.

動物 生き物 0009

4級

mouse

[maus] マウス

▶ My unko is about the same size as a **mouse.**

動物 生き物 0010

rat

[ræt] レアッ

▶ That's unko with a **rat** tail attached.

動物 生き物 0011

4級

tiger

[táigər] タイガァ

▶ I want to make unko and a **tiger** fight.

動物 生き物 0012

4級

名 コアラ

うんこを**コアラ**に近づけないでください。

0009 生き物 動物

4級

名 ネズミ

ぼくのうんこはだいたい**ネズミ**と同じ大きさだ。

0010 生き物 動物

名 ネズミ

それはうんこに**ネズミ**のしっぽをつけたものです。

小さいネズミはmouse。大きいratはドブネズミじゃ。

0011 生き物 動物

4級

名 トラ

うんこと**トラ**を戦わせてみたい。

0012 生き物 動物

4級

snake

[sneik] スネイク

▶ That's not a **snake**, it's my unko.

動物 生き物 0013

fox

[faks] ファーックス

▶ The **fox** easily jumped over the unko.

動物 生き物 0014

5級

elephant

[éləfənt] エレファント

▶ a festival where you dump **elephant** unko over your head

動物 生き物 0015

4級

horse

[hɔːrs] ホース

▶ A beautiful **horse** is running while flinging unko around.

動物 生き物 0016

4級

名 **ヘビ**

そっちは**ヘビ**ではなく，ぼくのうんこだ。

0013 生き物 動物

名 **キツネ**

キツネが軽（かろ）やかにうんこをとびこえた。

0014 生き物 動物

5級

名 **ゾウ**

ゾウのうんこを頭（あたま）から浴（あ）びるお祭（まつ）り

0015 生き物 動物

4級

名 **ウマ**

美（うつく）しい**ウマ**がうんこをまき散（ち）らしながら走（はし）っている。

0016 生き物 動物

4級

gorilla

[gərílə] ゴリラ

▶The **gorilla** crushed my precious unko.

動物 生き物 0017

5級

panda

[pǽndə] ペァンダ

▶It's good luck to shower in **panda** unko.

動物 生き物 0018

giraffe

[dʒərǽf] ヂレァフ

▶Whoever put unko on the **giraffe**'s head, show yourself.

動物 生き物 0019

camel

[kǽməl] ケァメゥ

▶a **camel** with unko between its humps

動物 生き物 0020

4級

名 ゴリラ

まん中(なか)のriを強(つよ)く読(よ)むのじゃ。

ゴリラに大事(だいじ)なうんこを
にぎりつぶされた。

0017 生き物 動物

5級

名 パンダ

パンダのうんこを頭(あたま)から浴(あ)びると幸運(こううん)になる。

0018 生き物 動物

名 キリン

キリンの頭(あたま)にうんこをのせた人(ひと)，出(で)てきなさい。

0019 生き物 動物

名 ラクダ

コブにうんこをはさんだラクダ

0020 生き物 動物

zebra

[zí:brə] ズィーブラ

▶A **zebra** is hiding behind a huge piece of unko.

動物 生き物 0021

4級

cow

[kau] カウ

▶Let's exchange your unko for my **cow**.

動物 生き物 0022

4級

sheep

[ʃi:p] シープ

▶That is unko wrapped in **sheep** wool.

動物 生き物 0023

polar bear

[póulər beər] ポウラァ ベアァ

▶I buy **polar bear** unko at high prices.

動物 生き物 0024

名 **シマウマ**

大きなうんこのかげに**シマウマ**がかくれている。

0021 生き物 動物

4級

名 **め牛**

あなたのうんこと，私の**め牛**を交かんしましょう。

0022 生き物 動物

4級

名 **ヒツジ**

それはうんこを**ヒツジ**の毛でくるんだものです。

0023 生き物 動物

名 **ホッキョクグマ**

ホッキョクグマのうんこ，高価で買い取ります。

0024 生き物 動物

5級

kangaroo

[kæŋgərúː] ケァンガ**ルー**

▶ There was unko in the **kangaroo**'s pouch.

動物 生き物 0025

wild boar

[wáild bɔ́ːr] **ワ**イゥド **ボ**ーァ

▶ That is unko with a **wild boar**'s fang attached.

動物 生き物 0026

sea otter

[síː àtər] **スィ**ー **ア**ータァ

▶ The **sea otter** is slapping unko on its stomach.

動物 生き物 0027

wolf

[wulf] **ウ**ゥフ

▶ I was surrounded by **wolves**, but I continued doing unko. wolves:wolf の複数形(ふくすうけい)

動物 生き物 0028

5級

名 **カンガルー**

最後の「ルー」を強く読むとよいぞ。

カンガルーのポケットにうんこが入っていた。

0025 生き物 動物

名 **イノシシ**

それはうんこに**イノシシ**のきばをつけたものです。

0026 生き物 動物

名 **ラッコ**

ラッコがおなかにのせたうんこをたたいている。

0027 生き物 動物

名 **オオカミ**

オオカミに囲まれたが，うんこを続けた。

0028 生き物 動物

deer

[diər] ディアァ

▶ I removed the unko that was stuck on the **deer**'s antlers.

動物 生き物 0029

4級

penguin

[péŋgwin] ペングウィン

▶ My father walks like a **penguin** when he does unko.

動物 生き物 0030

eagle

[í:gl] イーグゥ

▶ An **eagle** took the unko that I just found.

動物 生き物 0031

owl

[aul] アウゥ

▶ The **owl** landed on unko.

動物 生き物 0032

名 **シカ**

シカの角(つの)につきささったうんこを取(と)ってあげた。

0029 生き物 動物

4級

名 **ペンギン**

父(ちち)はペンギンのような歩(ある)き方(かた)でうんこをする。

0030 生き物 動物

名 **ワシ**

見(み)つけたばかりのうんこをワシにうばわれた。

0031 生き物 動物

名 **フクロウ**

フクロウがうんこの上(うえ)に着地(ちゃくち)した。

0032 生き物 動物

5級

animal

[ǽnəməl] エァニマゥ

▶ An **animal** that looks like unko was discovered.

動物 生き物 0033

5級

frog

[frɑg] フラーッグ

▶ I mistook unko for a **frog** and was raising it.

水の生き物 生き物 0034

4級

octopus

[áktəpəs] アークトパス

▶ An **octopus** is wrapped around unko and won't let go.

水の生き物 生き物 0035

4級

dolphin

[dálfin] ダーゥフィン

▶ My dream is to do unko with **dolphins.**

水の生き物 生き物 0036

5級

㊔ **動物**

うんこにそっくりの**動物**が発見された。

0033 生き物 動物

5級

㊔ **カエル**

カエルとまちがえてずっとうんこを飼っていた。

0034 生き物 水の生き物

4級

㊔ **タコ**

タコがうんこに巻きついてはなれない。

0035 生き物 水の生き物

4級

㊔ **イルカ**

夢は**イルカ**といっしょにうんこをすることです。

0036 生き物 水の生き物

4級

whale

[hweil] フウェイゥ

▸carve a house in the **whale** unko

水の生き物 生き物 0037

shrimp

[ʃrimp] シリンプ

▸curl unko up like a **shrimp**

水の生き物 生き物 0038

jellyfish

[dʒélifiʃ] ヂェリフィシ

▸unko that's clear like a **jellyfish**

水の生き物 生き物 0039

sea turtle

[síː tə́ːrtl] スィー タ～トゥ

▸That is unko wearing a **sea turtle** shell.

水の生き物 生き物 0040

4級

名 **クジラ**

クジラのうんこをくりぬいて家(いえ)を作(つく)る

0037 生き物 水の生き物

名 **エビ**

うんこを**エビ**のように反(そ)らせる

0038 生き物 水の生き物

名 **クラゲ**

クラゲのようにとう明(めい)なうんこ

0039 生き物 水の生き物

名 **ウミガメ**

それはうんこに**ウミガメ**のこうらをかぶせたものです。

0040 生き物 水の生き物

starfish

[stáːrfiʃ] スターァフィシ

▶ One is a **starfish** and the other one is unko.

水の生き物 生き物 0041

ant

[ænt] エァント

▶ **Ants** are crawling on my father's unko.

虫 生き物 0042

spider

[spáidər] スパイダァ

▶ There's unko stuck in a **spider**'s web.

虫 生き物 0043

grasshopper

[grǽshɑpər] グレァスハパァ

▶ A **grasshopper** jumped out of the unko.

虫 生き物 0044

名 ヒトデ

どちらかが**ヒトデ**で，どちらかがうんこだ。

0041 生き物 水の生き物

名 アリ

父のうんこに**アリ**がたかっています。

0042 生き物 虫

名 クモ

クモの巣にうんこが引っかかっている。

0043 生き物 虫

名 バッタ

うんこの中から**バッタ**がとび出してきた。

0044 生き物 虫

4級

butterfly

[bʌ́tərflai] バタフライ

▶A **butterfly** is stopped on unko by mistake.

虫 生き物 0045

beetle

[bíːtl] ビートゥ

▶Is unko a **beetle**?

虫 生き物 0046

dragonfly

[drǽgənflai] ドゥレァゴンフライ

▶My father brilliantly caught a **dragonfly** using unko.

虫 生き物 0047

moth

[mɔːθ] モース

▶a **moth** with unko-patterned wings

虫 生き物 0048

4級

名 **チョウ**

水泳(すいえい)の「バタフライ」も，チョウの形(かたち)から来(き)ているぞい。

チョウがまちがえて
うんこに止(と)まっている。

0045 生き物 虫

名 **こう虫(ちゅう)**（カブトムシなどのこん虫(ちゅう)）

うんこは**こう虫(ちゅう)**ですか？

0046 生き物 虫

名 **トンボ**

父(ちち)がうんこを使(つか)って見事(みごと)に**トンボ**をつかまえた。

0047 生き物 虫

名 **ガ**

はねがうんこ模様(もよう)の**ガ**

0048 生き物 虫

insect

[ínsekt] インセクト

▶ My brother is collecting **insect** unko.

虫 生き物 0049

bug

[bʌg] バグ

▶ My unko is small like a **bug**.

虫 生き物 0050

名 こん虫（ちゅう）

兄（あに）はこん虫（ちゅう）のうんこを集（あつ）めています。

0049 生き物 虫

名 （小（ちい）さな）虫（むし）

ぼくのうんこは虫（むし）のように小（ちい）さい。

0050 生き物 虫

5級

hamburger

[hǽmbəːrgər] ヘァンバ～ガァ

▸ compare unko and a **hamburger**

料理 食べ物 0051

5級

sandwich

[sǽndwitʃ] セァンウィチ

▸ unko that looks like a **sandwich**

料理 食べ物 0052

5級

spaghetti

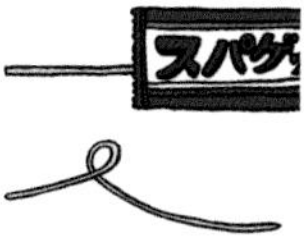

[spəgéti] スパゲティ

▸ This unko is thinner than **spaghetti.**

料理 食べ物 0053

5級

salad

[sǽləd] セァラド

▸ do unko after eating a **salad**

料理 食べ物 0054

5級

名 ハンバーガー

日本語とちがって最初を強く読むのじゃ。

うんことハンバーガーを見比べる

0051 食べ物 料理

5級

名 サンドイッチ

サンドイッチに似たうんこ

0052 食べ物 料理

5級

名 スパゲッティー

スパゲッティーよりも細いうんこだ。

0053 食べ物 料理

5級

名 サラダ

サラダを食べてからうんこをする

0054 食べ物 料理

5級

steak

[steik] ステイク

▶ I mistook **steak** for unko.

料理 食べ物 0055

5級

soup

[su:p] スープ

▶ Don't pour **soup** over the unko, please.

料理 食べ物 0056

5級

curry and rice

[kə́:ri ənd rais] カ～リ アン ライス

▶ Never put **curry and rice** together with unko.

料理 食べ物 0057

5級

French fries

[fréntʃ fráiz] フレンチ フライズ

▶ There are **French fries** on the right of the unko.

料理 食べ物 0058

5級

名 **ステーキ**

ステーキとうんこを見(み)まちがえた。

0055 食べ物 料理

5級

名 **スープ**

うんこにスープをかけないでください。

0056 食べ物 料理

5級

名 **カレーライス**

カレーライスとうんこをいっしょに置(お)かないこと。

0057 食べ物 料理

5級

名 **フライドポテト**

うんこの右(みぎ)にフライドポテトがある。

0058 食べ物 料理

5級

fried chicken

[fráid tʃíkin] フライド チキン

▸ There is **fried chicken** on the left of the unko.

料理 食べ物 0059

5級

pizza

[píːtsə] ピーツァ

▸ There is **pizza** in front of the unko.

料理 食べ物 0060

5級

omelet

[ámәlit] アームレッ

▸ stand between unko and an **omelet**

料理 食べ物 0061

5級

hot dog

[hát dɔːg] ハーッ ドーグ

▸ stand next to unko holding a **hot dog**

料理 食べ物 0062

5級

名 フライドチキン

うんこの左(ひだり)に**フライドチキン**がある。

0059 食べ物 料理

5級

名 ピザ

うんこの前(まえ)に**ピザ**がある。

0060 食べ物 料理

5級

名 オムレツ

うんこと**オムレツ**の間(あいだ)に立(た)つ

0061 食べ物 料理

5級

名 ホットドッグ

ホットドッグを持(も)ってうんこのとなりに立(た)つ

0062 食べ物 料理

5級

pie

[pai] パイ

▸unko-shaped **pie**

料理 食べ物 0063

5級

toast

[toust] トウスト

▸do unko with **toast** in your mouth

料理 食べ物 0064

4級

noodles

[nú:dlz] ヌードゥズ

▸This looks like **noodles,** but it's unko.

料理 食べ物 0065

5級

breakfast

[brékfəst] ブレクファスト

▸Let's talk about unko after **breakfast.**

料理 食べ物 0066

5級

名 パイ

うんこの形をしたパイ

0063 食べ物 料理

5級

名 トースト

トーストをくわえたままうんこをする

0064 食べ物 料理

4級

名 めん類

めん類に見えますが，これはうんこです。

0065 食べ物 料理

5級

名 朝食

朝食の後で，うんこの話をしよう。

0066 食べ物 料理

5級

lunch

[lʌntʃ] ランチ

▸ Let's talk about unko before **lunch.**

料理 食べ物 0067

5級

dinner

[dínər] ディナァ

▸ Let's talk about unko before and after **dinner.**

料理 食べ物 0068

5級

tomato

[təméitou] トメイトウ

▸ Unko and **tomatoes** fell from the sky.

野菜 食べ物 0069

5級

carrot

[kǽrət] ケァロッ

▸ I'll leave a **carrot** and unko as a guidepost.

野菜 食べ物 0070

5級

名 昼食（ちゅうしょく）

昼食（ちゅうしょく）の前（まえ）に，うんこの話（はなし）をしよう。

0067 食べ物 料理

5級

名 夕食（ゆうしょく）

夕食（ゆうしょく）の前（まえ）と後（あと）に，うんこの話（はなし）をしよう。

0068 食べ物 料理

5級

名 **トマト**

空（そら）からうんこと**トマト**が降（ふ）ってきた。

0069 食べ物 野菜

5級

名 **にんじん**

目印（めじるし）に，**にんじん**とうんこを置（お）いておきますね。

0070 食べ物 野菜

5級

potato

[pətéitou] ポテイトウ

▶ Which do you prefer for a souvenir, a **potato** or unko?

野菜 食べ物 0071

3級

corn

[kɔ:rn] コーン

▶ A giant piece of unko appeared in the field of **corn.**

野菜 食べ物 0072

4級

onion

[ʌ́njən] アニョン

▶ That's my unko, not an **onion.**

野菜 食べ物 0073

lettuce

[létəs] レタス

▶ That's my brother's unko, not **lettuce.**

野菜 食べ物 0074

5級

名 じゃがいも

おみやげは，**じゃがいも**かうんこ，どちらがよいですか。

0071 食べ物 野菜

3級

名 とうもろこし

とうもろこし畑(ばたけ)にきょ大(だい)うんこが現(あらわ)れた。

0072 食べ物 野菜

4級

名 玉(たま)ねぎ

それは**玉(たま)ねぎ**ではなく，ぼくのうんこだ。

0073 食べ物 野菜

名 レタス

それは**レタス**ではなく，兄(あに)のうんこだ。

0074 食べ物 野菜

4級

cucumber

[kjú:kʌmbər] キューカンバァ

▶ That's my grandfather's unko, not a **cucumber.**

野菜 食べ物 0075

cabbage

[kǽbidʒ] ケァベヂ

▶ a machine that turns **cabbage** into unko

野菜 食べ物 0076

4級

mushroom

[mʌ́ʃru:m] マシルーム

▶ I can do unko in 1 second after eating **mushrooms.**

野菜 食べ物 0077

broccoli

[brákəli] ブラーコリィ

▶ Today **broccoli** and unko are on sale.

野菜 食べ物 0078

4級

名 **きゅうり**

それはきゅうりではなく，おじいちゃんのうんこだ。

0075 食べ物 野菜

名 **キャベツ**

キャベツをうんこに変(か)える機械(きかい)

0076 食べ物 野菜

4級

名 **きのこ**

私(わたし)はきのこを食(た)べると1秒(びょう)でうんこが出(だ)せます。

0077 食べ物 野菜

名 **ブロッコリー**

今日(きょう)はブロッコリーとうんこが安(やす)いよ。

0078 食べ物 野菜

5級

green pepper

[griːn pépər] グリーン ペパァ

▶ My unko is hollow inside like a **green pepper.**

野菜 食べ物 0079

4級

eggplant

[égplænt] エグプレァント

▶ That's my father's old unko, not an **eggplant.**

野菜 食べ物 0080

bean

[biːn] ビーン

▶ a **bean**-sized unko

野菜 食べ物 0081

4級

pumpkin

[pʌ́mpkin] パンプキン

▶ This is neither a **pumpkin** nor unko.

野菜 食べ物 0082

5級

名 **ピーマン**

ぼくのうんこは**ピーマン**のように中(なか)が空(くう)どうだ。

0079 食べ物 野菜

4級

名 **なす**

それは**なす**ではなく，父(ちち)の古(ふる)いうんこだ。

0080 食べ物 野菜

名 **豆(まめ)**

豆(まめ)のように小(ちい)さなうんこ

0081 食べ物 野菜

4級

名 **かぼちゃ**

これは**かぼちゃ**でもないし，うんこでもない。

0082 食べ物 野菜

5級

vegetable

[védʒətəbl] ヴェヂタボゥ

▸ Is unko a **vegetable**?

野菜 食べ物 0083

5級

apple

[æpl] エァポゥ

▸ unko just the same hardness as an **apple**

果物 食べ物 0084

5級

cherry

[tʃéri] チェリィ

▸ unko that's cute as a **cherry**

果物 食べ物 0085

5級

banana

[bənǽnə] バネァナ

▸ **banana**-shaped unko

果物 食べ物 0086

5級

名 野菜（やさい）

うんこは野菜（やさい）ですか？

0083 食べ物 野菜

5級

名 りんご

りんごとちょうど同（おな）じかたさのうんこ

0084 食べ物 果物

5級

名 さくらんぼ，桜（さくら）

さくらんぼのようにかわいいうんこ

0085 食べ物 果物

5級

名 バナナ

バナナのような形（かたち）のうんこ

まん中（なか）を強（つよ）めに読（よ）むとよいぞ。

0086 食べ物 果物

5級

lemon

[lémən] レモン

▶ **lemon**-colored unko

果物 食べ物 0087

5級

pineapple

[páinæpl] パイネァポゥ

▶ unko as heavy as a **pineapple**

果物 食べ物 0088

5級

peach

[piːtʃ] ピーチ

▶ unko as beautiful as a **peach**

果物 食べ物 0089

5級

orange

[ɔ́ːrindʒ] オーリンヂ

▶ unko as fresh as an **orange**

果物 食べ物 0090

5級

名 **レモン**

レモンのような色(いろ)のうんこ

0087 食べ物 果物

5級

名 **パイナップル**

パイナップルと同(おな)じ重(おも)さのうんこ

0088 食べ物 果物

5級

名 **もも**

もものように美(うつく)しいうんこ

0089 食べ物 果物

5級

名 **オレンジ** 形 **オレンジ色(いろ)の**

オレンジのようにみずみずしいうんこ

0090 食べ物 果物

5級

strawberry

[strɔ́:beri] ストゥローベリィ

▶ line a skewer up, **strawberry**, unko, **strawberry**, unko

果物 食べ物 0091

5級

grapes

[greips] グレイプス

▶ arrange **grapes** and unko in the window sill

果物 食べ物 0092

5級

melon

[mélən] メロン

▶ unko as high-grade as a **melon**

果物 食べ物 0093

5級

watermelon

[wɔ́:tərmelən] ウォータメロン

▶ Summer is all about **watermelon** and unko.

果物 食べ物 0094

5級

名 **いちご**

いちごとうんこを順番(じゅんばん)にくしにさす

0091 食べ物 果物

5級

名 **ぶどう**

ぶどうとうんこを窓際(まどぎわ)に並(なら)べておく

0092 食べ物 果物

5級

名 **メロン**

メロンのように高級(こうきゅう)なうんこ

0093 食べ物 果物

5級

名 **すいか**

夏(なつ)と言(い)えばすいかとうんこだ。

0094 食べ物 果物

kiwi fruit

[kí:wi: fru:t] キーウィー フルート

▶ Pose with a **kiwi fruit** and unko, and ... Say cheese!

果物 食べ物 0095

5級

fruit

[fru:t] フルート

▶ Is unko a **fruit**?

果物 食べ物 0096

5級

egg

[eg] エッグ

▶ unko that you can crack like an **egg**

食材など 食べ物 0097

5級

sausage

[sɔ́:sidʒ] ソーセヂ

▶ There was a **sausage** and unko in my father's drawer.

食材など 食べ物 0098

名 キウイフルーツ

キウイフルーツとうんこを持(も)って，ハイチーズ。

0095 食べ物 果物

5級

名 果物(くだもの)

うんこは**果物(くだもの)**ですか？

0096 食べ物 果物

5級

名 たまご

たまごのように割(わ)れやすいうんこ

0097 食べ物 食材など

5級

名 ソーセージ

父(ちち)の引(ひ)き出(だ)しから**ソーセージ**とうんこが出(で)てきた。

0098 食べ物 食材など

4級

bacon

[béikən] ベイコン

▸ thin unko like a slice of **bacon**

食材など 食べ物 0099

5級

cheese

[tʃi:z] チーズ

▸ slice unko like you slice **cheese**

食材など 食べ物 0100

5級

fish

[fiʃ] フィッシ

▸ **fish** unko

食材など 食べ物 0101

5級

chicken

[tʃíkin] チキン

▸ **Chicken** makes me want to do unko.

食材など 食べ物 0102

4級

名 ベーコン

ベーコンのようにぺらぺらのうんこ

0099 食べ物 食材など

5級

名 チーズ

チーズをスライスするようにうんこをスライスする

0100 食べ物 食材など

5級

名 魚（さかな） 動 魚（さかな）つりをする

魚（さかな）のうんこ

0101 食べ物 食材など

5級

名 とり肉（にく），にわとり

私（わたし）はとり肉（にく）を見（み）るとうんこがしたくなる。

0102 食べ物 食材など

4級

beef

[bi:f] ビーフ

▶ I can't tell the difference between unko and **beef**.

食材など 食べ物 0103

4級

pork

[pɔ:rk] ポーク

▶ In my hometown we call **pork** "unko."

食材など 食べ物 0104

nut

[nʌt] ナット

▶ Girls have to bring **nuts** and boys have to bring unko.

食材など 食べ物 0105

5級

rice

[rais] ライス

▶ put **rice** on the right shoulder and unko on the left

食材など 食べ物 0106

4級

名 牛肉（ぎゅうにく）

私（わたし）はうんこと**牛肉**（ぎゅうにく）の区別（くべつ）がつかない。

0103 食べ物 食材など

4級

名 ぶた肉（にく）

私（わたし）の田舎（いなか）では**ぶた肉**（にく）のことを「うんこ」と呼（よ）ぶ。

0104 食べ物 食材など

名 ナッツ

女子（じょし）は**ナッツ**を，男子（だんし）はうんこを持（も）ってくること。

0105 食べ物 食材など

5級

名 米（こめ），ごはん

右（みぎ）かたに**ごはん**を，左（ひだり）かたにうんこをのせる

0106 食べ物 食材など

5級

bread

[bred] ブレッド

▶ look at **bread** with the right eye and unko with the left

食材など 食べ物 0107

5級

jam

[dʒæm] ヂェアム

▶ hold **jam** in the right hand and unko in the left

食材など 食べ物 0108

5級

ham

[hæm] ヘアム

▶ My unko is lighter than a slice of **ham.**

食材など 食べ物 0109

5級

tuna

[tjúːnə] トゥーナ

▶ pack unko into a **tuna** can

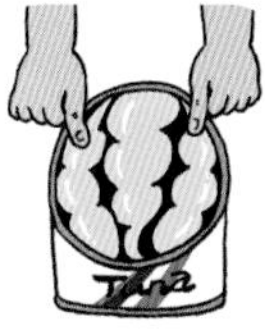

食材など 食べ物 0110

5級

名 **パン**

右目(みぎめ)でパンを，左目(ひだりめ)でうんこを見(み)る

0107 食べ物 食材など

5級

名 **ジャム**

右手(みぎて)にジャムを，左手(ひだりて)にうんこをにぎる

0108 食べ物 食材など

5級

名 **ハム**

ぼくのうんこはハム1枚(まい)よりも軽(かる)い。

0109 食べ物 食材など

名 **まぐろ，ツナ**

ツナかんにうんこをつめこむ

0110 食べ物 食材など

5級

food

[fuːd] フード

▶ In a way, the main ingredients of unko are **food**.

食材など 食べ物 0111

5級

milk

[milk] ミゥク

▶ Don't pour **milk** over the unko, please.

飲み物・おかし 食べ物 0112

5級

coffee

[kɔ́ːfi] コーフィ

▶ My father is gazing at unko while drinking **coffee**.

飲み物・おかし 食べ物 0113

5級

juice

[dʒuːs] ヂュース

▶ That's a shelf for **juice**, not for unko.

飲み物・おかし 食べ物 0114

5級

名 **食べ物**（たべもの）

食べ物はうんこの原材料だと言える。

0111 食べ物 食材など

5級

名 **牛乳**（ぎゅうにゅう）

うんこに**牛乳**をかけないでください。

0112 食べ物 飲み物・おかし

5級

名 **コーヒー**

父が**コーヒー**を飲みながらうんこをながめている。

0113 食べ物 飲み物・おかし

5級

名 **ジュース**

そこはうんこではなく**ジュース**を並べるたなです。

0114 食べ物 飲み物・おかし

5級

soda

[sóudə] ソウダ

▶We don't have any **soda**, but there's unko.

飲み物・おかし 食べ物 0115

5級

tea

[tiː] ティー

▶Let's have some **tea** while we wait for the unko to arrive.

飲み物・おかし 食べ物 0116

green tea

[gríːn tíː] グリーン ティー

▶A *samurai* is gazing at unko while drinking **green tea.**

飲み物・おかし 食べ物 0117

5級

water

[wɔ́ːtər] ウォータァ

▶If you pour **water** on this unko, it grows to 10 times its size.

飲み物・おかし 食べ物 0118

5級

名 ソーダ(水)

ソーダはないが，うんこならあります。

0115 食べ物 飲み物・おかし

5級

名 紅茶，お茶

うんこが届くまで，**紅茶**でも飲んで待ちましょう。

0116 食べ物 飲み物・おかし

名 緑茶

さむらいが**緑茶**を飲みながらうんこをながめている。

0117 食べ物 飲み物・おかし

5級

名 水

このうんこに**水**をかけると10倍にふくらむ。

0118 食べ物 飲み物・おかし

5級

ice cream

[áis kri:m] アイス クリーム

▶ I thought it was **ice cream** and bought unko.

飲み物・おかし 食べ物 0119

5級

chocolate

[tʃákələt] チャーコレト

▶ There was a drawing of unko on the **chocolate.**

飲み物・おかし 食べ物 0120

5級

cake

[keik] ケイク

▶ There are unko-shaped strawberries on the **cake.**

飲み物・おかし 食べ物 0121

5級

popcorn

[pápkɔ:rn] パーップコーン

▶ Why don't we eat **popcorn** and watch unko?

飲み物・おかし 食べ物 0122

5級

名 **アイスクリーム**

アイスクリームとまちがえてうんこを買ってきた。

0119 食べ物 飲み物・おかし

5級

名 **チョコレート**

チョコレートをよく見るとうんこの絵が
えがかれていた。

0120 食べ物 飲み物・おかし

5級

名 **ケーキ**

ケーキの上にうんこ形のいちごがのっている。

0121 食べ物 飲み物・おかし

5級

名 **ポップコーン**

みんなで**ポップコーン**を食べながらうんこでも
見ない?

0122 食べ物 飲み物・おかし

5級

pudding

[púdiŋ] プディング

▸unko as soft as **pudding**

飲み物・おかし 食べ物 0123

5級

parfait

[pɑːrféi] パーァフェイ

▸decorate unko like a **parfait**

飲み物・おかし 食べ物 0124

5級

yogurt

[jóugərt] ヨウガト

▸If you eat **yogurt** in the morning, it's easier to do unko.

飲み物・おかし 食べ物 0125

5級

donut

[dóunʌt] ドウナト

▸poke a hole in a piece of unko like a **donut**

飲み物・おかし 食べ物 0126

5級

名 プリン

プリンのようにやわらかいうんこ

0123 食べ物 飲み物・おかし

5級

名 パフェ

うんこをパフェのようにかざりつける

0124 食べ物 飲み物・おかし

5級

名 ヨーグルト

朝ヨーグルトを食べるとうんこがよく出る。

0125 食べ物 飲み物・おかし

5級

名 ドーナツ

うんこに穴をあけてドーナツ形にする

0126 食べ物 飲み物・おかし

5級

cookie

[kúki] クキィ

▶ store unko in an empty **cookie** canister

飲み物・おかし 食べ物 0127

shaved ice

[ʃéivd ais] シェイヴダイス

▶ shave unko like **shaved ice**

飲み物・おかし 食べ物 0128

4級

dessert

[dizə́:rt] ディザ～ト

▶ I'll do unko in my pants before the **dessert** gets here.

飲み物・おかし 食べ物 0129

4級

snack

[snæk] スネァク

▶ hide unko on the **snack** shelf

飲み物・おかし 食べ物 0130

5級

名 **クッキー**

クッキーの空(あ)きかんにうんこをしまっておく

0127 食べ物 飲み物・おかし

名 **かき氷(ごおり)**

うんこを**かき氷(ごおり)**のようにけずる

0128 食べ物 飲み物・おかし

4級

名 **デザート**

デザートが来(く)る前(まえ)にうんこがもれるだろう。

0129 食べ物 飲み物・おかし

4級

名 **おかし, おやつ**

うんこを**おかし**のたなにかくす

0130 食べ物 飲み物・おかし

5級

baseball

[béisbɔːl] ベイスボーゥ

▶ I'm better at doing unko than playing **baseball**.

スポーツ　スポーツ・遊び　0131

5級

soccer

[sάkər] サーッカァ

▶ A **soccer** player is shooting unko.

スポーツ　スポーツ・遊び　0132

5級

basketball

[bǽskitbɔːl] ベァスケッボーゥ

▶ Let's play **basketball** with unko.

スポーツ　スポーツ・遊び　0133

5級

tennis

[ténis] テニス

▶ Unko was banned from the **tennis** court.

スポーツ　スポーツ・遊び　0134

5級

名 **野球**

ぼくは**野球**よりもうんこが得意だ。

0131 スポーツ・遊び スポーツ

5級

名 **サッカー**

サッカー選手がうんこをシュートしている。

0132 スポーツ・遊び スポーツ

5級

名 **バスケットボール**

basket
だけでは
通じないぞい。

うんこで**バスケットボール**をしよう。

0133 スポーツ・遊び スポーツ

5級

名 **テニス**

nは2つじゃぞ。

テニスコートでのうんこが
禁止になってしまった。

0134 スポーツ・遊び スポーツ

5級

volleyball

[válibɔːl] ヴァーリボーゥ

▶ smack unko with a **volleyball**

スポーツ　スポーツ・遊び　0135

5級

table tennis

[téibl tènis] テイボゥ　テニス

▶ unko as light as a **table tennis** ball

スポーツ　スポーツ・遊び　0136

5級

badminton

[bǽdmintn] ベァドミントゥン

▶ smash unko with a **badminton** racket

スポーツ　スポーツ・遊び　0137

5級

rugby

[rʌ́gbi] ラグビィ

▶ A **rugby** player is dashing with unko in his hand.

スポーツ　スポーツ・遊び　0138

5級

名 バレーボール

うんこに**バレーボール**をたたきつける

0135 スポーツ・遊び スポーツ

5級

名 たっ球(きゅう)

たっ球(きゅう)の球(たま)のように軽(かる)いうんこ

0136 スポーツ・遊び スポーツ

5級

名 バドミントン

バドミントンのラケットでうんこをひっぱたく

0137 スポーツ・遊び スポーツ

5級

名 ラグビー

ラグビー選手(せんしゅ)がうんこを持(も)ってダッシュしている。

0138 スポーツ・遊び スポーツ

dodgeball

[dádʒbɔːl] ダーッチボーゥ

▶Unko isn't used in **dodgeball.**

スポーツ スポーツ・遊び 0139

5級

football

[fútbɔːl] フッボーゥ

▶Unko got thrown onto the field during a **football** game.

スポーツ スポーツ・遊び 0140

softball

[sɔ́ːftbɔːl] ソーフトゥボーゥ

▶unko exactly the size of a **softball**

スポーツ スポーツ・遊び 0141

5級

golf

[gɑlf] ガゥフ

▶do a mountain of unko in my pants while playing **golf**

スポーツ スポーツ・遊び 0142

名 **ドッジボール**

ドッジボールでうんこは使用(しよう)しませんよ。

0139 スポーツ・遊び　スポーツ

5級

名 **フットボール，サッカー**

フットボールの試合中(しあいちゅう)にうんこが投(な)げこまれた。

0140 スポーツ・遊び　スポーツ

名 **ソフトボール**

ちょうどソフトボール大(だい)のうんこ

0141 スポーツ・遊び　スポーツ

5級

名 **ゴルフ**

ゴルフ中(ちゅう)に大量(たいりょう)のうんこをもらす

0142 スポーツ・遊び　スポーツ

skiing

[skíːiŋ] スキーイング

▶go **skiing** with unko on your head

スポーツ　スポーツ・遊び　0143

skating

[skéitiŋ] スケイティング

▶**Skating** athletes are beautiful even when doing unko.

スポーツ　スポーツ・遊び　0144

5級

track and field

[træk ənd fíːld] トレァカン フィーゥド

▶Someday doing unko will be a **track and field** event.

スポーツ　スポーツ・遊び　0145

4級

marathon

[mǽrəθɑn] メァラサン

▶I laid unko along the **marathon** course.

スポーツ　スポーツ・遊び　0146

名 **スキー**

頭(あたま)にうんこをのせて**スキー**をする

0143 スポーツ・遊び スポーツ

名 **スケート**

スケート選手(せんしゅ)はうんこをするときもかれいだ。

0144 スポーツ・遊び スポーツ

5級

名 **陸上競技**(りくじょうきょうぎ)

いずれ「うんこ」も**陸上競技**(りくじょうきょうぎ)になるだろう。

0145 スポーツ・遊び スポーツ

4級

名 **マラソン**

マラソンのコースに沿(そ)ってうんこを並(なら)べておいた。

0146 スポーツ・遊び スポーツ

5級

game

[geim] ゲイム

▶I did unko in my pants right when the **game** started.

スポーツ　スポーツ・遊び　0147

5級

sport

[spɔːrt] スポート

▶Doing unko after playing **sports** feels good.

スポーツ　スポーツ・遊び　0148

5級

fishing

[fíʃiŋ] フィシング

▶I lost at **fishing**, but I won't lose at doing unko.

遊び　スポーツ・遊び　0149

5級

hiking

[háikiŋ] ハイキング

▶This **hiking** course is covered in unko.

遊び　スポーツ・遊び　0150

5級

名 試合(しあい), ゲーム

試合開始(しあいかいし)と同時(どうじ)にうんこをもらしていました。

0147 スポーツ・遊び スポーツ

5級

名 スポーツ, 運動(うんどう)

スポーツの後(あと)のうんこは気持(きも)ちがいいね。

0148 スポーツ・遊び スポーツ

5級

名 魚(さかな)つり

魚(さかな)つりでは負(ま)けたけど, うんこでは負(ま)けないぞ。

0149 スポーツ・遊び 遊び

5級

名 ハイキング

このハイキングのコースはうんこまみれだ。

0150 スポーツ・遊び 遊び

5級

camping

[kǽmpiŋ] ケァンピング

▸I accidentally brought unko instead of **camping** gear.

遊び スポーツ・遊び 0151

5級

jogging

[dʒágiŋ] チャーッギング

▸I can't think of anything but unko when I go **jogging**.

遊び スポーツ・遊び 0152

4級

jump rope

[dʒʌ́mp roup] チャンプ ロウプ

▸**jump rope** with unko on your head

遊び スポーツ・遊び 0153

4級

unicycle

[jú:nəsaikl] ユーニサイコゥ

▸trample unko many times with a **unicycle**

遊び スポーツ・遊び 0154

5級

名 **キャンプ**

キャンプ道具(どうぐ)でなくうんこを持(も)ってきてしまった。

0151 スポーツ・遊び 遊び

5級

名 **ジョギング**

ジョギング中(ちゅう)はうんこのことしか考(かんが)えていません。

0152 スポーツ・遊び 遊び

4級

名 **なわとび**

うんこを頭(あたま)にのせたまま**なわとび**をする

0153 スポーツ・遊び 遊び

4級

名 **一輪車**(いちりんしゃ)

一輪車(いちりんしゃ)でうんこを何度(なんど)もふみつぶす

0154 スポーツ・遊び 遊び

tag

[tæg] テァッグ

▶If you lose at **tag**, you will lose your unko.

遊び スポーツ・遊び 0155

5級

shopping

[ʃápiŋ] シャーッピング

▶If you're going **shopping**, get two pieces of unko.

遊び スポーツ・遊び 0156

5級

reading

[rí:diŋ] リーディング

▶Stop **reading** and let's talk about unko here.

遊び スポーツ・遊び 0157

5級

movie

[mú:vi] ムーヴィ

▶A **movie** called "Unko" is a big hit.

遊び スポーツ・遊び 0158

名 **おにごっこ**

おにごっこで負(ま)けたらうんこを取(と)られてしまう。

0155 スポーツ・遊び　遊び

5級

名 **買(か)い物(もの)**

買(か)い物(もの)に行(い)くなら，うんこ２つ買(か)ってきて。

0156 スポーツ・遊び　遊び

5級

名 **読書(どくしょ)**

読書(どくしょ)なんかやめて，こっちでうんこの話(はなし)でもしようよ。

0157 スポーツ・遊び　遊び

5級

名 **映画(えいが)**

「うんこ」という映画(えいが)が大(だい)ヒットしています。

0158 スポーツ・遊び　遊び

5級

song

[sɔːŋ] ソーング

▶My sister is singing a **song** to unko.

遊び　スポーツ・遊び　0159

4級

hobby

[hábi] ハービィ

▶My **hobby** is making unko samples.

遊び　スポーツ・遊び　0160

5級

one

[wʌn] ワン

▶You can choose **one** piece of unko.

数　数・形・色　0161

5級

two

[tuː] トゥー

▶squeeze unko with **two** fingers

数　数・形・色　0162

5級

名 **歌**

妹がうんこに歌を聞かせている。

0159 スポーツ・遊び 遊び

4級

名 **しゅ味**

しゅ味はうんこの標本を作ることです。

0160 スポーツ・遊び 遊び

5級

名 **1** 形 **1つの**

好きなうんこを1個選んでいいよ。

数はすらすら言えるようにしておくとよいぞい。

0161 数・形・色 数

5級

名 **2** 形 **2つの**

2本の指でうんこをつまむ

0162 数・形・色 数

5級

three

[θriː] スリー

▸ Let's poke **three** holes in the unko.

数 数・形・色 0163

5級

four

[fɔːr] フォーァ

▸ Hit unko with a hammer **four** times.

数 数・形・色 0164

5級

five

[faiv] ファイヴ

▸ **Five** warriors are protecting the unko.

数 数・形・色 0165

5級

six

[siks] スィックス

▸ **six** horrible mysteries of unko

数 数・形・色 0166

5級

名 3 形 3つの

うんこに穴を3つ開けましょう。

0163 数・形・色 数

5級

名 4 形 4つの

うんこをトンカチで4回たたきます。

0164 数・形・色 数

5級

名 5 形 5つの

5人の戦士がうんこを守っている。

0165 数・形・色 数

5級

名 6 形 6つの

うんこにかくされた6つのおそろしいなぞ

0166 数・形・色 数

5級

seven

[sévən] セヴン

▶ Let go of that unko before I count to **seven.**

数 数・形・色 0167

5級

eight

[eit] エイト

▶ **eight** truckloads of unko

数 数・形・色 0168

5級

nine

[nain] ナイン

▶ This week alone I did unko in my pants **nine** times.

数 数・形・色 0169

5級

ten

[ten] テン

▶ He has been talking about unko for **ten** hours now.

数 数・形・色 0170

5級

名 **7** 形 **7つの**

7つ数える間に，そのうんこをはなしなさい。

0167 数・形・色 数

5級

名 **8** 形 **8つの**

トラック8台分のうんこ

0168 数・形・色 数

5級

名 **9** 形 **9つの**

今週だけで9回うんこをもらした。

0169 数・形・色 数

5級

名 **10** 形 **10個の**

かれはもう10時間もうんこの話をしている。

0170 数・形・色 数

5級

first

[fəːrst] ファ〜スト

▶ We hand in the unko on the **first** of each month.

数 数・形・色 0171

5級

second

[sékənd] セカンド

▶ The unko? I put it in the **second**-to-top drawer.

数 数・形・色 0172

5級

third

[θəːrd] サ〜ド

▶ My father's unko won **third** place in the contest.

数 数・形・色 0173

4級

star

[stɑːr] スターァ

▶ The one with the **star** sticker is my unko.

形 数・形・色 0174

5級

名 1日(ついたち)　形 1番目(ばんめ)の

毎月(まいつき)1日(ついたち)は，うんこを提出(ていしゅつ)する日(ひ)だ。

0171 数・形・色 数

5級

名 2日(ふつか)　形 2番目(ばんめ)の

うんこなら，上(うえ)から2番目(ばんめ)の引(ひ)き出(だ)しに入(い)れました。

0172 数・形・色 数

5級

名 3日(みっか)　形 3番目(ばんめ)の

父(ちち)のうんこがコンテストで第(だい)3位(い)に入賞(にゅうしょう)した。

0173 数・形・色 数

4級

名 星(ほし)，星形(ほしがた)

星形(ほしがた)のシールがはってあるのがぼくのうんこだ。

0174 数・形・色 形

triangle

[tráiæŋgl] トゥライエァンゴゥ

▶ If you push this **triangle** button, unko is fired.

形 数・形・色 0175

4級

circle

[sə́ːrkl] サ～コゥ

▶ make a **circle** out of unko in the schoolyard

形 数・形・色 0176

square

[skweər] スクウェア

▶ Please look at the **square** unko I did.

形 数・形・色 0177

diamond

[dáiəmənd] ダイアモンド

▶ cut out a **diamond**-shaped piece of unko

形 数・形・色 0178

名 **三角形, トライアングル**

この三角形のボタンをおすとうんこが発射されます。

0175 数・形・色 形

4級

名 **円**

校庭にうんこを並べて円を作る

0176 数・形・色 形

名 **四角形**

四角形のうんこが出たのでごらんください。

0177 数・形・色 形

名 **ひし形, ダイヤモンド**

うんこをひし形に切り取る

0178 数・形・色 形

heart

[hɑːrt] ハーァト

▶ put a **heart**-shaped stamp on unko

形 数・形・色 0179

rectangle

[réktæŋgl] レクテァンゴゥ

▶ There was a ton of unko in the **rectangle**-shaped room.

形 数・形・色 0180

shape

[ʃeip] シェイプ

▶ Size is more important than **shape** for unko.

形 数・形・色 0181

5級

red

[red] レッド

▶ My father is doing unko with a **red** suit on.

色 数・形・色 0182

名 ハート形(がた)，心(こころ)，心臓(しんぞう)

うんこにハート形(がた)のスタンプを押(お)す

0179 数・形・色 形

名 長方形(ちょうほうけい)

長方形(ちょうほうけい)の部屋(へや)に，うんこがぎっしり置(お)かれていた。

0180 数・形・色 形

名 形(かたち)

うんこは形(かたち)よりも大(おお)きさが大事(だいじ)だ。

0181 数・形・色 形

5級

名 赤色(あかいろ) 形 赤(あか)い

父(ちち)が赤(あか)いスーツを着(き)てうんこをしている。

0182 数・形・色 色

5級

blue

[blu:] ブルー

▶ 3 **blue** pieces of unko, please.

色 数・形・色 0183

5級

yellow

[jélou] イエロウ

▶ put a **yellow** hat on the unko

色 数・形・色 0184

5級

green

[gri:n] グリーン

▶ Today I'll try painting unko with **green** paint.

色 数・形・色 0185

5級

orange

[ɔ́:rindʒ] オーリンヂ

▶ stomp on unko with **orange** shoes

色 数・形・色 0186

5級

名 **青色** 形 **青い**

最後のeを忘れないように気をつけるのじゃ。

青いうんこを３個ください。

0183 数・形・色 色

5級

名 **黄色** 形 **黄色の**

うんこに黄色のぼうしをかぶせる

0184 数・形・色 色

5級

名 **緑色** 形 **緑色の**

今日は緑色の絵の具でうんこをかいてみよう。

0185 数・形・色 色

5級

名 **オレンジ色** 形 **オレンジ色の**

オレンジ色のくつでうんこをふみつける

0186 数・形・色 色

5級

purple

[pə́ːrpl] パ～ポゥ

▸ **Purple** unko came out, so I came to the hospital.

色 数・形・色 0187

5級

black

[blæk] ブレァク

▸ These days **black** unko is super popular overseas.

色 数・形・色 0188

5級

white

[hwait] フワイト

▸ When I lifted the **white** cloth, I found a picture of unko.

色 数・形・色 0189

5級

color

[kʌ́lər] カラァ

▸ This unko changes **color** according to the temperature.

色 数・形・色 0190

5級

名 **むらさき色** 形 **むらさき色の**

むらさき色のうんこが出たので病院に来ました。

0187 数・形・色 色

5級

名 **黒** 形 **黒い**

いま，海外では黒のうんこが大人気だ。

0188 数・形・色 色

5級

名 **白** 形 **白い**

白い布をめくるとうんこの写真が置いてあった。

0189 数・形・色 色

5級

名 **色**

このうんこは温度で色が変わるよ。

0190 数・形・色 色

5級

pencil

[pénsl] ペンスゥ

▶ **Pencils** are the best for stabbing unko.

文ぼう具 身の回りのもの 0191

5級

pen

[pen] ペン

▶ This **pen** can even write on unko.

文ぼう具 身の回りのもの 0192

4級

eraser

[iréisər] イレイサァ

▶ sprinkle **eraser** shavings over unko

文ぼう具 身の回りのもの 0193

5級

notebook

[nóutbuk] ノウトブク

▶ Fill this **notebook** with unko drawings.

文ぼう具 身の回りのもの 0194

5級

名 えんぴつ

やはりうんこにつきさすなら**えんぴつ**が一番(いちばん)だ。

0191 身の回りのもの 文ぼう具

5級

名 ペン

この**ペン**はうんこにも字(じ)を書(か)くことができる。

0192 身の回りのもの 文ぼう具

4級

名 消(け)しゴム，黒板消(こくばんけ)し

消(け)しゴムのかすをうんこの上(うえ)に散(ち)らす

0193 身の回りのもの 文ぼう具

5級

名 ノート

この**ノート**をうんこの絵(え)で
いっぱいにしなさい。

「ノート」
だけでは
通(つう)じないぞい。

0194 身の回りのもの 文ぼう具

ink

[iŋk] インク

▶ I spilled **ink** on the unko I borrowed from my friend.

文ぼう具 身の回りのもの 0195

4級

ruler

[rú:lər] ルーラァ

▶ This **ruler** is too short to measure John's unko.

文ぼう具 身の回りのもの 0196

glue

[glu:] グルー

▶ Stick two pieces of unko together with **glue**.

文ぼう具 身の回りのもの 0197

3級

scissors

[sízərz] スィザァズ

▶ **scissors** that cut through unko really easily

文ぼう具 身の回りのもの 0198

名 **インク**

友人から借りたうんこに**インク**をこぼしてしまった。

0195 身の回りのもの 文ぼう具

4級

名 **定規**

ジョンのうんこの長さを測るには，この**定規**は短すぎる。

0196 身の回りのもの 文ぼう具

名 **のり**

うんことうんこを**のり**でくっつけます。

0197 身の回りのもの 文ぼう具

3級

名 **はさみ**

とてもうんこが切りやすい**はさみ**

0198 身の回りのもの 文ぼう具

3級

stapler

[stéiplər] ステイプラァ

▶ We'll use a **stapler** and unko for today's crafts project.

文ぼう具 身の回りのもの 0199

5級

box

[baks] バークス

▶ Your unko is in one of the **boxes.**

小物 身の回りのもの 0200

5級

book

[buk] ブック

▶ Someone's unko was closed in the **book.**

小物 身の回りのもの 0201

5級

clock

[klak] クラーック

▶ I'll hang unko on the wall instead of a **clock.**

小物 身の回りのもの 0202

3級

名 **ホッチキス**

今日(きょう)の工作(こうさく)は，**ホッチキス**とうんこを使(つか)います。

0199 身の回りのもの 文ぼう具

5級

名 **箱(はこ)**

どちらかの**箱(はこ)**にきみのうんこが入(はい)っている。

0200 身の回りのもの 小物

5級

名 **本(ほん)**

本(ほん)を開(ひら)くとだれかのうんこがはさんであった。

0201 身の回りのもの 小物

5級

名 **時計(とけい)**

時計(とけい)の代(か)わりにうんこをかべにかけておこう。

0202 身の回りのもの 小物

5級

cup

[kʌp] カップ

▶ The **cup** broke when unko hit it.

小物 身の回りのもの 0203

5級

computer

[kəmpjúːtər] コンピュータァ

▶ analyze unko using a **computer**

小物 身の回りのもの 0204

5級

camera

[kǽmərə] ケァメラ

▶ a **camera** designed for taking pictures of unko

小物 身の回りのもの 0205

5級

telephone

[téləfoun] テレフォウン

▶ I'll call my mom on the **telephone** and have her bring unko.

小物 身の回りのもの 0206

5級

名 **カップ，茶わん**

うんこが当たって**カップ**が割れてしまった。

0203 身の回りのもの 小物

5級

名 **コンピューター**

コンピューターを使い，うんこを分せきする

0204 身の回りのもの 小物

5級

名 **カメラ**

うんこをとる専用の**カメラ**

0205 身の回りのもの 小物

5級

名 **電話**

母に**電話**をしてうんこを持ってきてもらいます。

0206 身の回りのもの 小物

4級

cellphone

[sélfoun] セゥフォウン

▶ I dropped my sister's **cellphone** on the unko.

小物 身の回りのもの 0207

smartphone

[smá:rtfoun] スマーァトフォウン

▶ My brother is looking up unko on his **smartphone.**

小物 身の回りのもの 0208

5級

comic book

[kámik buk] カーミク ブック

▶ My father bought a **comic book** and unko for us.

小物 身の回りのもの 0209

5級

newspaper

[njú:zpeipər] ニューズペイパァ

▶ burn unko wrapped in **newspaper**

小物 身の回りのもの 0210

4級

名 **けい帯電話**（たいでんわ）

うんこの上（うえ）に姉（あね）の**けい帯電話**（たいでんわ）を落（お）としてしまった。

0207 身の回りのもの 小物

名 **スマートフォン**

兄（あに）が**スマートフォン**でうんこのことを調（しら）べている。

0208 身の回りのもの 小物

5級

名 **まんが本**（ぼん）

父（ちち）が**まんが本**（ぼん）とうんこを買（か）って帰（かえ）ってきた。

0209 身の回りのもの 小物

5級

名 **新聞**（しんぶん）

新聞（しんぶん）でうんこをくるんで燃（も）やす

0210 身の回りのもの 小物

5級

magazine

[mǽgəzi:n] メァガズィーン

▸ I'll read a **magazine** until the unko arrives.

小物 身の回りのもの 0211

5級

textbook

[tékstbuk] テクストブク

▸ do unko with **textbooks** in each hand

小物 身の回りのもの 0212

5級

dictionary

[díkʃəneri] ディクショネリィ

▸ stack unko and **dictionaries** alternately

小物 身の回りのもの 0213

5級

map

[mæp] メァップ

▸ This is the **map** showing where the unko is hidden.

小物 身の回りのもの 0214

5級

名 雑誌

うんこが届くまで雑誌でも読んで待とうか。

0211 身の回りのもの 小物

5級

名 教科書

教科書を両手に持ってうんこをする

0212 身の回りのもの 小物

5級

名 辞書

うんこと辞書を交ごに積み重ねる

0213 身の回りのもの 小物

5級

名 地図

これがうんこをかくした場所の地図だ。

0214 身の回りのもの 小物

5級

ticket

[tíkit] ティケッ

▶You need a **ticket** to do unko here.

小物 身の回りのもの 0215

5級

picture

[píktʃər] ピクチャ

▶I collect **pictures** of unko.

小物 身の回りのもの 0216

5級

photo

[fóutou] フォウトウ

▶He kept taking **photos** after he did unko in his pants.

小物 身の回りのもの 0217

5級

postcard

[póustkaːrd] ポウストカーァド

▶a **postcard** smeared with unko

小物 身の回りのもの 0218

5級

名 **きっぷ，チケット**

こちらでうんこをするには**チケット**が必要です。

0215 身の回りのもの 小物

5級

名 **写真，絵**

うんこの**写真**を集めています。

0216 身の回りのもの 小物

5級

名 **写真**

かれはうんこをもらしても**写真**をとり続けた。

0217 身の回りのもの 小物

5級

名 **はがき**

うんこまみれの**はがき**

0218 身の回りのもの 小物

5級

calendar

[kǽləndər] ケァレンダァ

▶The day I stepped on unko is marked in the **calendar**.

小物 身の回りのもの 0219

5級

card

[ká:rd] カーァド

▶If you draw the **card** with unko on it, you win.

小物 身の回りのもの 0220

5級

letter

[létər] レタァ

▶All that was written on the **letter** was "unko."

小物 身の回りのもの 0221

paper

[péipər] ペイパァ

▶It seems that this **paper** is made out of unko.

小物 身の回りのもの 0222

5級

名 カレンダー

うんこをふんだ日(ひ)は**カレンダー**にメモしてある。

0219 身の回りのもの 小物

5級

名 カード, トランプ

うんこの絵(え)がかかれた**カード**を引(ひ)いたら勝(か)ちだ。

0220 身の回りのもの 小物

5級

名 手紙(てがみ), 文字(もじ)

手紙(てがみ)には「うんこ」とだけ書(か)いてあった。

0221 身の回りのもの 小物

名 紙(かみ)

この**紙**(かみ)の材料(ざいりょう)は，なんとうんこらしい。

0222 身の回りのもの 小物

5級

key

[ki:] キー

▸ I'll hide the **key** in the unko.

小物 身の回りのもの 0223

basket

[bǽskit] ベァスケッ

▸ a **basket** full of unko

小物 身の回りのもの 0224

4級

plastic bag

[plǽstik bæg] プレァスティク ベァッグ

▸ put unko in a **plastic bag** and walk around with it

小物 身の回りのもの 0225

4級

dish

[diʃ] ディッシ

▸ This unko is flat like a **dish.**

小物 身の回りのもの 0226

5級

名 **かぎ**

かぎはうんこの中(なか)にかくしておこう。

0223 身の回りのもの 小物

名 **バスケット，かご**

かごいっぱいのうんこ

0224 身の回りのもの 小物

4級

名 **ビニールぶくろ**

ビニールぶくろにうんこを入(い)れて持(も)ち歩(ある)く

0225 身の回りのもの 小物

4級

名 **皿(さら)，料理(りょうり)**

お皿(さら)のように平(たい)らなうんこだ。

0226 身の回りのもの 小物

4級

knife

[naif] ナイフ

▶ stand a **knife** up in unko

小物 身の回りのもの 0227

4級

fork

[fɔːrk] フォーク

▶ make three holes on unko with a **fork**

小物 身の回りのもの 0228

4級

spoon

[spuːn] スプーン

▶ a competitive event where you carry unko in a **spoon**

小物 身の回りのもの 0229

4級

chópsticks

[tʃápstiks] チャープスティクス

▶ He skillfully sliced the unko up using **chopsticks.**

小物 身の回りのもの 0230

4級

名 ナイフ

うんこに**ナイフ**をつき立(た)てる

0227 身の回りのもの 小物

4級

名 フォーク

フォークでうんこに3つの穴(あな)をあける

0228 身の回りのもの 小物

4級

名 スプーン

スプーンでうんこを運(はこ)ぶ競技(きょうぎ)

0229 身の回りのもの 小物

4級

名 はし

かれは**はし**を使(つか)って器用(きよう)にうんこを切(き)り分(わ)けた。

0230 身の回りのもの 小物

3級

pan

[pæn] ペアン

▸ I'll use the **pan** I picked up as an unko container.

小物 身の回りのもの 0231

4級

fan

[fæn] フエアン

▸ blow the **fan** on unko

小物 身の回りのもの 0232

4級

towel

[táuəl] タウエゥ

▸ Are there any **towels** that aren't covered in unko?

小物 身の回りのもの 0233

3級

medicine

[médəsən] メディスン

▸ If you take this **medicine,** you'll never do unko again.

小物 身の回りのもの 0234

3級

名 **なべ**

拾(ひろ)ってきた**なべ**をうんこ入(い)れに使(つか)おう。

0231 身の回りのもの 小物

4級

名 **うちわ，せん風機(ぷうき)**

うんこに**せん風機(ぷうき)**をあてる

0232 身の回りのもの 小物

4級

名 **タオル**

うんこまみれじゃない**タオル**はありませんか？

0233 身の回りのもの 小物

3級

名 **薬(くすり)**

この**薬(くすり)**を飲(の)むと一生(いっしょう)うんこが出(で)なくなります。

0234 身の回りのもの 小物

5級

present

[préznt] プレズント

▶ I decided on an unko-patterned sweater for the **present.**

小物 身の回りのもの 0235

3級

treasure

[tréʒər] トゥレジァ

▶ The unko I got from my grandfather is my **treasure.**

小物 身の回りのもの 0236

5級

money

[mʌ́ni] マニィ

▶ There is some unko that you can't get with **money.**

小物 身の回りのもの 0237

5級

coin

[kɔin] コイン

▶ a **coin** with a picture of unko carved on it

小物 身の回りのもの 0238

5級

名 **プレゼント**

プレゼントはうんこからのセーターに決めた。

0235 身の回りのもの 小物

3級

名 **宝物**

祖父からもらったうんこはぼくの**宝物**だ。

0236 身の回りのもの 小物

5級

名 **お金**

お金で手に入らないうんこもある。

0237 身の回りのもの 小物

5級

名 **こぜに，コイン**

うんこの絵が刻まれた**コイン**

0238 身の回りのもの 小物

5級

racket

[rǽkit] レアケッ

▶ The teacher is playing with a **racket** with unko on it.

小物 身の回りのもの 0239

5級

ball

[bɔːl] ボーゥ

▶ There are no **balls**, so we'll use unko today.

小物 身の回りのもの 0240

5級

bat

[bæt] ベアッ

▶ hit unko with a **bat** as hard as you can

小物 身の回りのもの 0241

5級

glove

[glʌv] グラヴ

▶ It's hard to hold unko with a **glove** on.

小物 身の回りのもの 0242

5級

名 **ラケット**

先生（せんせい）がラケットにうんこをのせて遊（あそ）んでいる。

0239 身の回りのもの 小物

5級

名 **ボール**

ボールがないので今日（きょう）はうんこを使（つか）います。

0240 身の回りのもの 小物

5級

名 **バット**

バットで思（おも）い切（き）りうんこを打（う）つ

0241 身の回りのもの 小物

5級

名 **グローブ**

グローブをはめたままだとうんこがつかみづらい。

0242 身の回りのもの 小物

5級

video game

[vídiou geim] ヴィディオウ ゲイム

▶a **video game** where you control unko

小物 身の回りのもの 0243

5級

doll

[dɑl] ダーゥ

▶a **doll** made of unko

小物 身の回りのもの 0244

4級

robot

[róubɑt] ロウバーッ

▶a **robot** that uses unko to move

小物 身の回りのもの 0245

toy

[tɔi] トイ

▶Is unko sold in **toy** stores?

小物 身の回りのもの 0246

5級

名 **テレビゲーム**

うんこを操作するテレビゲーム

0243 身の回りのもの 小物

5級

名 **人形**

うんこで作った人形

0244 身の回りのもの 小物

4級

名 **ロボット**

うんこで動くロボット

0245 身の回りのもの 小物

名 **おもちゃ**

うんこはおもちゃ屋さんに売っていますか?

0246 身の回りのもの 小物

5級

T-shirt

[tí:ʃə:rt] ティーシャ〜ツ

▶ dress unko in a **T-shirt**

身につけるもの 身の回りのもの 0247

5級

shirt

[ʃə:rt] シャ〜ツ

▶ I placed unko on a folded dress **shirt.**

身につけるもの 身の回りのもの 0248

5級

sweater

[swétər] スウェタァ

▶ It's a cute **sweater,** but the backside is covered in unko.

身につけるもの 身の回りのもの 0249

vest

[vest] ヴェスト

▶ I can't do unko unless I'm wearing this **vest.**

身につけるもの 身の回りのもの 0250

5級

名 **Tシャツ**

うんこに**Tシャツ**を着せる

0247 身の回りのもの 身につけるもの

5級

名 **シャツ**

たたんだ**シャツ**の上にうんこを置いておいた。

0248 身の回りのもの 身につけるもの

5級

名 **セーター**

かわいい**セーター**だが，背中がうんこまみれだ。

0249 身の回りのもの 身につけるもの

名 **ベスト**

ぼくはこの**ベスト**を着ないとうんこが
出ないのだよ。

0250 身の回りのもの 身につけるもの

4級

jacket

[dʒǽkit] ヂェアケッ

▶The missing unko was in my **jacket** pocket.

身につけるもの　身の回りのもの　0251

5級

dress

[dres] ドゥレス

▶Be careful you don't get unko on the **dress.**

身につけるもの　身の回りのもの　0252

5級

pants

[pænts] ペァンツ

▶I did unko in my **pants** one second before I took them off.

身につけるもの　身の回りのもの　0253

shorts

[ʃɔːrts] ショーツ

▶A boy in **shorts** is running around with unko in his hands.

身につけるもの　身の回りのもの　0254

4級

名 ジャケット，上着

上着のポケットに，なくしたうんこが入っていた。

0251 身の回りのもの 身につけるもの

5級

名 ドレス，洋服

ドレスにうんこがつかないようお気をつけください。

0252 身の回りのもの 身につけるもの

5級

名 ズボン

ズボンをぬぐ1秒前にうんこがもれた。

0253 身の回りのもの 身につけるもの

名 半ズボン

半ズボンの男の子がうんこを持って走り回っている。

0254 身の回りのもの 身につけるもの

5級

jeans

[dʒiːnz] ヂーンズ

▶ Unko fell out of the cuffs of the **jeans.**

身につけるもの 身の回りのもの 0255

5級

skirt

[skəːrt] スカ～ト

▶ I have done unko with a **skirt** on before.

身につけるもの 身の回りのもの 0256

5級

shoe

[ʃuː] シュー

▶ take off your **shoes** and jump onto unko

身につけるもの 身の回りのもの 0257

5級

sock

[sɑk] サーック

▶ put unko in a **sock** and swing it around

身につけるもの 身の回りのもの 0258

5級

名 ジーパン

ジーパンのすそからうんこがこぼれてきた。

0255 身の回りのもの 身につけるもの

5級

名 スカート

ぼくは**スカート**をはいてうんこをしたことがある。

0256 身の回りのもの 身につけるもの

5級

名 くつ

くつをぬいで，
うんこの上にとびのる

左右両方で
shoesに
なるのじゃ。

0257 身の回りのもの 身につけるもの

5級

名 くつ下

くつ下にうんこを入れてふりまわす

0258 身の回りのもの 身につけるもの

5級

sneaker

[sní:kər] スニーカァ

▶My new **sneakers** are already covered in unko.

身につけるもの 身の回りのもの 0259

5級

bag

[bæg] ベァッグ

▶We found one piece of unko after another in the **bag**.

身につけるもの 身の回りのもの 0260

5級

hat

[hæt] ヘァッ

▶The cowboy put a **hat** on unko.

身につけるもの 身の回りのもの 0261

5級

cap

[kæp] ケァップ

▶catch the unko that came flying toward you with a **cap**

身につけるもの 身の回りのもの 0262

5級

名 **スニーカー**

新(あたら)しい**スニーカー**がもううんこまみれだ。

0259 身の回りのもの 身につけるもの

5級

名 **バッグ，ふくろ**

バッグの中(なか)から次々(つぎつぎ)にうんこが出(で)てきた。

0260 身の回りのもの 身につけるもの

5級

名 **ぼうし**

カウボーイがうんこに**ぼうし**をかぶせた。

0261 身の回りのもの 身につけるもの

5級

名 (野球(やきゅう)ぼうなどの) **ぼうし**

飛(と)んできたうんこを**ぼうし**でキャッチする

0262 身の回りのもの 身につけるもの

5級

glasses

[glǽsiz] グレァスィズ

▶ I can't see unko well without **glasses**.

身につけるもの 身の回りのもの 0263

5級

glove

[glʌv] グラヴ

▶ Make sure to wear **gloves** when handling hot unko.

身につけるもの 身の回りのもの 0264

5級

watch

[watʃ] ワーッチ

▶ My **watch** is smeared with unko, so I can't see the time.

身につけるもの 身の回りのもの 0265

4級

tie

[tai] タイ

▶ My father is doing unko with a **tie** wrapped around his head.

身につけるもの 身の回りのもの 0266

5級

名 **メガネ**

メガネがないとうんこがよく見(み)えない。

0263 身の回りのもの 身につけるもの

5級

名 **手(て)ぶくろ**

熱(あつ)いうんこを持(も)つときは手ぶくろをつけましょう。

0264 身の回りのもの 身につけるもの

5級

名 **うで時計(どけい)** 動 **(じっと)見(み)る**

うで時計(どけい)がうんこまみれで読(よ)めない。

0265 身の回りのもの 身につけるもの

4級

名 **ネクタイ**

父(ちち)が頭(あたま)にネクタイを巻(ま)いてうんこをしている。

0266 身の回りのもの 身につけるもの

4級

scarf

[skɑːrf] スカーァフ

▶ put a **scarf** on unko

身につけるもの 身の回りのもの 0267

4級

handkerchief

[hǽŋkərtʃif] ヘァンカチフ

▶ I wrapped unko in a **handkerchief** and took it home.

身につけるもの 身の回りのもの 0268

5級

umbrella

[ʌmbrélə] アンブレラ

▶ My grandfather is doing unko with his **umbrella** open.

身につけるもの 身の回りのもの 0269

5級

uniform

[júːnəfɔːrm] ユーニフォーム

▶ A woman in a **uniform** told us how to get to the unko.

身につけるもの 身の回りのもの 0270

4級

名 **マフラー，スカーフ**

うんこに**マフラー**を巻(ま)きつける

0267 身の回りのもの 身につけるもの

4級

名 **ハンカチ**

ハンカチでうんこを包(つつ)んで持(も)って帰(かえ)った。

0268 身の回りのもの 身につけるもの

5級

名 **かさ**

祖父(そふ)が**かさ**をさしてうんこをしている。

0269 身の回りのもの 身につけるもの

5級

名 **制服(せいふく)**

制服(せいふく)を着(き)た女性(じょせい)がうんこの方(ほう)に案内(あんない)してくれた。

0270 身の回りのもの 身につけるもの

4級

pocket

[pákit] パーケッ

▸ There's nothing in my **pockets** but unko.

身につけるもの 身の回りのもの 0271

3級

button

[bʌ́tn] バトゥン

▸ A **button** popped out of the unko.

身につけるもの 身の回りのもの 0272

5級

size

[saiz] サイズ

▸ measure the **size** of unko with a ruler

身につけるもの 身の回りのもの 0273

ring

[riŋ] リング

▸ crush unko with your hand with a **ring** on it

身につけるもの 身の回りのもの 0274

4級

名 ポケット

ポケットにはうんこしか入(はい)っていませんよ。

0271 身の回りのもの 身につけるもの

3級

名 ボタン

うんこの中(なか)から**ボタン**が出(で)てきた。

0272 身の回りのもの 身につけるもの

5級

名 サイズ

うんこの**サイズ**を定規(じょうぎ)で測(はか)る

0273 身の回りのもの 身につけるもの

名 指輪(ゆびわ)

指輪(ゆびわ)をはめた手(て)でうんこをにぎりつぶす

0274 身の回りのもの 身につけるもの

backpack

[bǽkpæk] ベアックペアック

▸ cram unko in a **backpack**

身につけるもの 身の回りのもの 0275

5級

clothes

[klouz] クロウズ

▸ I want to do unko in different **clothes** every time.

身につけるもの 身の回りのもの 0276

4級

apron

[éiprən] エイプロン

▸ Always wear an **apron** when playing with unko.

身につけるもの 身の回りのもの 0277

5級

bed

[bed] ベッド

▸ sleep on a **bed** of unko

家 身の回りのもの 0278

名 リュックサック

うんこを**リュック**いっぱいにつめこむ

「リュック」は英語(えいご)ではないのじゃ。

0275 身の回りのもの 身につけるもの

5級

名 衣服(いふく)

ぼくは毎回(まいかい)ちがう**服(ふく)**でうんこがしたいんだ。

0276 身の回りのもの 身につけるもの

4級

名 エプロン

うんこで遊(あそ)ぶときは**エプロン**をつけること。

0277 身の回りのもの 身につけるもの

5級

名 ベッド

うんこを**ベッド**にしてねる

0278 身の回りのもの 家

5級

sofa

[sóufə] ソウファ

▶ There was unko stuck between the **sofa** cushions.

家 身の回りのもの 0279

5級

table

[téibl] テイボゥ

▶ Don't put large pieces of unko on the **table.**

家 身の回りのもの 0280

5級

desk

[desk] デスク

▶ If unko comes falling down, we should hide under a **desk.**

家 身の回りのもの 0281

5級

chair

[tʃeər] チェアァ

▶ My friend stood on a **chair** and screamed, "Unko!"

家 身の回りのもの 0282

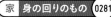

5級

名 **ソファー**

ソファーのすき間にうんこがはさまっていた。

0279 身の回りのもの 家

5級

名 **テーブル**

大きなうんこは**テーブル**に置かないで。

0280 身の回りのもの 家

5級

名 **机**

うんこが落ちてきたときは，**机**の下に
かくれましょう。

0281 身の回りのもの 家

5級

名 **いす**

友人が**いす**の上に立って「うんこ！」とさけんだ。

0282 身の回りのもの 家

5級

TV

[tì:ví:] ティーヴィー

▶ Please clean up the unko before watching **TV**.

家 身の回りのもの 0283

4級

refrigerator

[rifrídʒəreitər] リフリヂェレイタァ

▶ There was an old piece of unko behind the **refrigerator**.

家 身の回りのもの 0284

5級

window

[wíndou] ウィンドウ

▶ It started raining unko, so I closed the **window**.

家 身の回りのもの 0285

5級

door

[dɔ:r] ドーァ

▶ A piece of unko broke through the **door**.

家 身の回りのもの 0286

5級

名 **テレビ**

テレビを見る前にうんこを片づけなさい。

0283 身の回りのもの 家

4級

名 **冷蔵庫**

冷蔵庫の裏側に古いうんこが落ちていた。

0284 身の回りのもの 家

5級

名 **窓**

うんこが降ってきたので，窓を閉めました。

0285 身の回りのもの 家

5級

名 **ドア**

うんこがドアをかん通した。

0286 身の回りのもの 家

5級

wall

[wɔːl] ウォーゥ

▸decorate the **wall** with your favorite unko

家 身の回りのもの 0287

5級

room

[ruːm] ルーム

▸I use this **room** as an unko closet.

家 身の回りのもの 0288

5級

living room

[líviŋ ruːm] リヴィング ルーム

▸I gathered all the unko in the house in the **living room.**

家 身の回りのもの 0289

5級

bedroom

[bédruːm] ベドゥルーム

▸Maybe I could put a piece of unko in the **bedroom,** too.

家 身の回りのもの 0290

5級

名 **かべ**

かべにお気に入りのうんこをかざる

0287 身の回りのもの 家

5級

名 **部屋**

この部屋はうんこ置き場に使っています。

0288 身の回りのもの 家

5級

名 **リビング，居間**

家の中のうんこを全部**リビング**に集めてみた。

0289 身の回りのもの 家

5級

名 **しん室**

しん室にも1個くらいうんこを置こうか。

0290 身の回りのもの 家

5級

dining room

[dáiniŋ ru:m] ダイニング ルーム

▶ Starting now, unko is banned from the **dining room.**

家 身の回りのもの 0291

5級

kitchen

[kítʃən] キチン

▶ The unko rolled toward the **kitchen.**

家 身の回りのもの 0292

5級

bathroom

[bǽθru:m] ベアスルーム

▶ My father is singing "The Unko Song" in the **bathroom.**

家 身の回りのもの 0293

5級

bath

[bæθ] ベアス

▶ take a **bath** with unko on your shoulders

家 身の回りのもの 0294

5級

名 ダイニングルーム

今後,ダイニングルームでのうんこを禁止します。

0291 身の回りのもの 家

5級

名 台所

うんこが台所の方に転がっていった。

0292 身の回りのもの 家

5級

名 浴室, トイレ

父が浴室で「うんこの歌」を歌っている。

0293 身の回りのもの 家

5級

名 ふろ, 入浴

両かたにうんこをのせて入浴する

0294 身の回りのもの 家

5級

shower

[ʃáuər] シャウアァ

▶give unko a **shower**

家 身の回りのもの 0295

3級

tap

[tæp] テァップ

▶Unko came rushing out of the **tap.**

家 身の回りのもの 0296

4級

yard

[jaːrd] ヤーァド

▶The unko I put in the **yard** is gone.

家 身の回りのもの 0297

5級

roof

[ruːf] ルーフ

▶Unko fell through the **roof.**

家 身の回りのもの 0298

5級

名 シャワー，にわか雨(あめ)

うんこにシャワーを浴(あ)びせる

0295 身の回りのもの 家

3級

名 (水道(すいどう)の)じゃ口(ぐち)

じゃ口(ぐち)からすごい勢(いきお)いでうんこが出(で)てきた。

0296 身の回りのもの 家

4級

名 庭(にわ)

庭(にわ)に置(お)いておいたうんこが消(き)えている。

0297 身の回りのもの 家

5級

名 屋根(やね)，屋上(おくじょう)

うんこが屋根(やね)をつき破(やぶ)って落(お)ちてきた。

0298 身の回りのもの 家

3級

garbage

[gá:rbidʒ] ガーァベヂ

▶ Make sure to separate the perishable **garbage** and unko.

家 身の回りのもの 0299

4級

machine

[məʃí:n] マシーン

▶ If you put unko in this **machine**, it grinds it into powder.

家 身の回りのもの 0300

5級

home

[houm] ホウム

▶ Teacher, I forgot my unko at **home**.

家 身の回りのもの 0301

5級

house

[haus] ハウス

▶ A piece of unko this big won't fit into this **house**.

家 身の回りのもの 0302

3級

名 **生(なま)ごみ**

生(なま)ごみとうんこは分(わ)けて捨(す)てること。

0299 身の回りのもの 家

4級

名 **機械(きかい)**

この機械(きかい)にうんこを入(い)れると粉々(こなごな)にしてくれる。

0300 身の回りのもの 家

5級

副 **家(いえ)に, 家(いえ)で** 名 **家(いえ)**

先生(せんせい), うんこを家(いえ)に忘(わす)れてきてしまいました。

go homeで「家(いえ)に帰(かえ)る」という意味(いみ)じゃよ。

0301 身の回りのもの 家

5級

名 **家(いえ), 家屋(かおく)**

こんな大(おお)きなうんこは, この家(いえ)の中(なか)に入(はい)らない。

0302 身の回りのもの 家

5級

piano

[piǽnou] ピエァノウ

▶ I did unko to the beat of my brother's **piano.**

楽器 身の回りのもの 0303

5級

guitar

[gitáːr] ギターァ

▶ put unko in a **guitar** case and carry it around

楽器 身の回りのもの 0304

recorder

[rikɔ́ːrdər] リコーダァ

▶ a boy who plays the **recorder** while doing unko

楽器 身の回りのもの 0305

5級

violin

[vaiəlín] ヴァイオリン

▶ My father is playing the **violin** to unko.

楽器 身の回りのもの 0306

5級

名 **ピアノ**

兄(あに)の**ピアノ**の演奏(えんそう)にあわせてうんこをした。

0303 身の回りのもの 楽器

5級

名 **ギター**

ギターのケースにうんこを入(い)れて持(も)ち運(はこ)ぶ

0304 身の回りのもの 楽器

名 **リコーダー**

うんこをしながら**リコーダー**をふく少年(しょうねん)

0305 身の回りのもの 楽器

5級

名 **バイオリン**

父(ちち)がうんこに**バイオリン**を聞(き)かせている。

0306 身の回りのもの 楽器

3級

musical instrument

[mjú:zikəl ínstrumənt] ミューズィカゥ インストゥルメント

▸ Unko can serve as a **musical instrument.**

楽器 身の回りのもの 0307

4級

information

[infərméiʃən] インフォメイション

▸ I got **information** regarding the legendary piece of unko.

情報など 身の回りのもの 0308

4級

news

[nju:z] ニューズ

▸ There are 3 pieces of **news** concerning unko today.

情報など 身の回りのもの 0309

5級

Internet

[íntərnet] インタネッ

▸ look for images of unko on the **Internet**

情報など 身の回りのもの 0310

3級

名 **楽器**

うんこは**楽器**にもなる。

0307 身の回りのもの 楽器

4級

名 **情報**

伝説のうんこについての**情報**を手に入れた。

0308 身の回りのもの 情報など

4級

名 **知らせ，ニュース**

今日はうんこに関する**お知らせ**が３つあります。

0309 身の回りのもの 情報など

5級

名 **インターネット**

最初を
強く読むのじゃ。

インターネットで
うんこの画像を探す

0310 身の回りのもの 情報など

5級

e-mail

[í:meil] イーメイゥ

▶The **e-mail** said nothing but "unko."

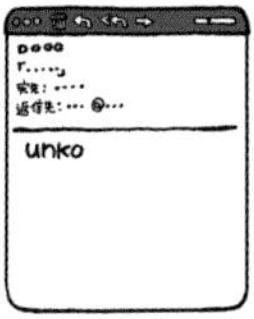

情報など 身の回りのもの 0311

5級

mail

[meil] メイゥ

▶Unko was delivered mixed with the other pieces of **mail**.

情報など 身の回りのもの 0312

5級

idea

[aidí:ə] アイディーア

▶It's a good **idea** that you apply unko to your sole.

情報など 身の回りのもの 0313

5級

name

[neim] ネイム

▶I give my unko a **name** before flushing.

情報など 身の回りのもの 0314

5級

名 Eメール 動 Eメールを送(おく)る

Eメールには「うんこ」としか書(か)いてなかった。

0311 身の回りのもの 情報など

5級

名 郵便(ゆうびん)，郵便物(ゆうびんぶつ)

郵便物(ゆうびんぶつ)にまぎれてうんこが届(とど)いた。

0312 身の回りのもの 情報など

5級

名 考(かんが)え，アイデア

足(あし)の裏(うら)にうんこをぬるとは，いいアイデアだ。

0313 身の回りのもの 情報など

5級

名 名前(なまえ) 動 名前(なまえ)をつける

ぼくはうんこに名前(なまえ)をつけてから流(なが)します。

0314 身の回りのもの 情報など

4級

message

[mésidʒ] メセチ

▶ I'll write a **message** on the unko and give it to her.

情報など 身の回りのもの 0315

4級

language

[lǽŋgwidʒ] レァングウィヂ

▶ This unko seems to understand **language.**

情報など 身の回りのもの 0316

sign language

[sain lǽŋgwidʒ] サイン レァングウィヂ

▶ talk to unko through **sign language**

情報など 身の回りのもの 0317

4級

culture

[kʌ́ltʃər] カルチァ

▶ **Culture** has developed this far thanks to unko.

情報など 身の回りのもの 0318

4級

名 メッセージ，伝言

うんこにメッセージを書いてかの女にわたそう。

0315 身の回りのもの 情報など

4級

名 言語

このうんこは言語を理解しているようだ。

0316 身の回りのもの 情報など

名 手話

うんこに手話で話しかける

0317 身の回りのもの 情報など

4級

名 文化

うんこのおかげで文化は発展してきた。

0318 身の回りのもの 情報など

4級

example

[igzǽmpl] イグゼァンポゥ

▶ I'll show you an **example** of unko with intelligence.

情報など 身の回りのもの 0319

3級

advice

[ədváis] アドゥヴァイス

▶ I got the ultimate **advice** on unko.

情報など 身の回りのもの 0320

3級

opinion

[əpínjən] オピニョン

▶ Is there anyone else with an **opinion** on unko?

情報など 身の回りのもの 0321

4級

problem

[prábləm] プラーブレム

▶ What's the **problem** with my unko?

情報など 身の回りのもの 0322

4級

名 例（れい）

知能（ちのう）を持（も）ったうんこの一例（いちれい）をお見（み）せしましょう。

0319 身の回りのもの 情報など

3級

名 アドバイス，助言（じょげん）

うんこに関（かん）して最高（さいこう）のアドバイスをもらえた。

0320 身の回りのもの 情報など

3級

名 意見（いけん）

他（ほか）にうんこについて意見（いけん）のある人（ひと）はいますか？

0321 身の回りのもの 情報など

4級

名 問題（もんだい）

ぼくのうんこの何（なに）が問題（もんだい）なんですか？

0322 身の回りのもの 情報など

3級

matter

[mǽtər] メアタァ

▶ Where to put unko is an important **matter.**

情報など 身の回りのもの 0323

4級

word

[wə:rd] ワ〜アド

▶ Does everyone know the **word** "unko"?

情報など 身の回りのもの 0324

4級

story

[stɔ́:ri] ストーリィ

▶ a **story** starring a hero with unko for a face

情報など 身の回りのもの 0325

5級

question

[kwéstʃən] クウェスチョン

▶ When you have a **question,** please yell, "unko."

情報など 身の回りのもの 0326

3級

名 問題（もんだい）

うんこをどこに置（お）くかは大事（だいじ）な**問題（もんだい）**だ。

0323 身の回りのもの 情報など

4級

名 ことば，単語（たんご）

みなさんは「うんこ」という**ことば**を知（し）っていますか？

0324 身の回りのもの 情報など

4級

名 話（はなし），物語（ものがたり）

顔（かお）がうんこのヒーローが活（かつ）やくする**物語（ものがたり）**

0325 身の回りのもの 情報など

5級

名 質問（しつもん）

質問（しつもん）がある人（ひと）は「うんこ」とさけんでください。

0326 身の回りのもの 情報など

4級

speech

[spiːtʃ] スピーチ

▶ The principal is making a **speech** while holding in his unko.

情報など 身の回りのもの 0327

4級

quiz

[kwiz] クウィズ

▶ If you answer the **quiz** correctly, you will get unko.

情報など 身の回りのもの 0328

4級

prógram

[próugræm] プロウグレァム

▶ do unko according to the **program** we made last week

情報など 身の回りのもの 0329

3級

réason

[ríːzn] リーズン

▶ There is a **reason** I'm carrying unko around with me.

情報など 身の回りのもの 0330

4級

名 **スピーチ，講演**

校長先生がうんこをがまんしながら**スピーチ**している。

0327 身の回りのもの 情報など

4級

名 **クイズ**

クイズに正解するとうんこがもらえるよ。

0328 身の回りのもの 情報など

4級

名 **プログラム，計画**

先週作った**プログラム**通りにうんこをする

0329 身の回りのもの 情報など

3級

名 **理由**

うんこを持ち歩いているのには**理由**があるんです。

0330 身の回りのもの 情報など

4級

sound

[saund] サウンド

▶ The **sound** of my father's unko is like thunder.

情報など 身の回りのもの 0331

3級

meaning

[míːniŋ] ミーニング

▶ look up the **meaning** of the word "unko" in the dictionary

情報など 身の回りのもの 0332

3級

difference

[dífərəns] ディファレンス

▶ Do you know the **difference** between these pieces of unko?

情報など 身の回りのもの 0333

3級

memory

[méməri] メモリィ

▶ My **memory** of doing unko in my pants here is a good one.

情報など 身の回りのもの 0334

4級

名 音（おと） 動 ～のように聞（き）こえる

父（ちち）のうんこの**音**（おと）はかみなりのようだ。

0331 身の回りのもの 情報など

3級

名 意味（いみ）

辞書（じしょ）で「うんこ」ということばの**意味**（いみ）を調（しら）べる

0332 身の回りのもの 情報など

3級

名 ちがい

この2つのうんこの**ちがい**がわかりますか？

0333 身の回りのもの 情報など

3級

名 思い出（おもいで），記（き）おく

ここでうんこをもらしたのもいい**思い出**（おもいで）だ。

0334 身の回りのもの 情報など

4級

dream

[driːm] ドゥリーム

▶I saw your unko in my **dream** yesterday.

情報など 身の回りのもの 0335

4級

sign

[sain] サイン

▶The **sign** was covered in unko so I couldn't read it.

情報など 身の回りのもの 0336

4級

plan

[plæn] プレァン

▶My **plan** is to collect a thousand pieces of unko this year.

情報など 身の回りのもの 0337

3級

schedule

[skédʒuːl] スケヂューゥ

▶His **schedule** is filled with doing unko.

情報など 身の回りのもの 0338

4級

名 夢(ゆめ)

昨日(きのう)，夢(ゆめ)にきみのうんこが出(で)てきたよ。

0335 身の回りのもの 情報など

4級

名 標識(ひょうしき)，記号(きごう) 動 署名(しょめい)をする

標識(ひょうしき)がうんこまみれで読(よ)めなかったんです。

0336 身の回りのもの 情報など

4級

名 計画(けいかく)，プラン

ぼくの計画(けいかく)では，今年(ことし)じゅうにうんこが1000個(こ)集(あつ)まる。

0337 身の回りのもの 情報など

3級

名 スケジュール，予定(よてい)

かれのスケジュールはうんこの予定(よてい)でいっぱいです。

0338 身の回りのもの 情報など

3級

experience

[ikspíəriəns] イクスピアリエンス

▶ Do you have any **experience** grabbing unko?

情報など 身の回りのもの 0339

3級

chance

[tʃæns] チェァンス

▶ I missed a great **chance** to get my unko back.

情報など 身の回りのもの 0340

3級

名 **経験**（けいけん） 動 **経験する**（けいけんする）

きみはうんこをつかんだ**経験**（けいけん）はあるか？

0339 身の回りのもの 情報など

3級

名 **チャンス，機会**（きかい）

うんこを取り（と）返す（かえ）絶好（ぜっこう）の**チャンス**だったのに。

0340 身の回りのもの 情報など

人 PEOPLE

5級

nose

[nouz] ノウズ

▶ The stunt man puts his **nose** close to the unko.

体 人 0341

5級

eye

[ai] アイ

▶ If you look carefully, this unko has **eyes.**

体 人 0342

5級

mouth

[mauθ] マウス

▶ Can you say “unko” with your **mouth** closed?

体 人 0343

5級

teeth

[ti:θ] ティース

▶ This unko has grown **teeth.**

体 人 0344

5級

名 **鼻**（はな）

スタントマンがうんこに鼻（はな）を近（ちか）づけていく。

0341 人 体

5級

名 **目**（め）

このうんこ，よく見（み）ると目（め）があるよ。

0342 人 体

5級

名 **口**（くち）

口（くち）を閉（と）じたまま「うんこ」と言（い）えますか?

0343 人 体

5級

名 **歯**（は）

うんこに歯（は）が生（は）えてきた。

0344 人 体

歯（は）1本（ぽん）のことはtoothと言（い）うのじゃ。

人 PEOPLE

5級

ear

[iər] イアァ

▸ plug your **ears** with unko

体 人 0345

5級

face

[feis] フェイス

▸ draw a **face** on unko with a crayon

体 人 0346

5級

hair

[heər] ヘアァ

▸ I have unko tangled in my **hair.**

体 人 0347

5級

head

[hed] ヘッド

▸ dive **head**-first into unko

体 人 0348

5級

名 耳（みみ）

耳（みみ）の穴（あな）にうんこをつめこむ

0345 人 体

5級

名 顔（かお）

うんこにクレヨンで顔（かお）をかく

0346 人 体

5級

名 かみの毛（け）

かみの毛（け）にうんこがからまった。

0347 人 体

5級

名 頭（あたま）

うんこに頭（あたま）からつっこむ

0348 人 体

5級

hand

[hænd] ヘァンド

▶ I can wipe up unko without using my **hands.**

体 人 0349

5級

neck

[nek] ネック

▶ The singer appeared with unko wrapped around her **neck.**

体 人 0350

5級

shoulder

[ʃóuldər] ショウゥダァ

▶ The one to have the unko fall off their **shoulder** loses.

体 人 0351

5級

leg

[leg] レッグ

▶ I walked with unko between my **legs.**

体 人 0352

5級

名 手(て)

ぼくは手(て)を使(つか)わないでうんこをふけます。

0349 人 体

5級

名 首(くび)

歌手(かしゅ)がうんこを首(くび)に巻(ま)きつけて登場(とうじょう)した。

0350 人 体

5級

名 かた

かたにのせたうんこが落(お)ちた方(ほう)が負(ま)けね。

0351 人 体

5級

名 あし

あしの間(あいだ)にうんこを
はさんだまま歩(ある)いた。

0352 人 体

5級

foot

[fut] フット

▸ I'll wash the unko on the underside of your **foot** well.

体 人 0353

5級

finger

[fíŋɡər] フィンガァ

▸ First, poke a hole in the unko with your **finger**.

体 人 0354

4級

knee

[niː] ニー

▸ crush unko with both **knees**

体 人 0355

5級

body

[bádi] バーディ

▸ smear unko over your entire **body**

体 人 0356

5級

名 足（あし）

足（あし）の裏（うら）についたうんこをよく洗（あら）おう。

0353 人 体

5級

名 手（て）の指（ゆび）

まず，うんこに指（ゆび）で穴（あな）をあけます。

0354 人 体

4級

名 ひざ

両（りょう）ひざでうんこをつぶす

0355 人 体

5級

名 体（からだ）

体全体（からだぜんたい）にうんこをよくぬりこむ

0356 人 体

5級

father

[fɑ́ːðər] ファーザァ

▶ If you ask my **father,** he can get you any sort of unko.

家族・友だち 人 0357

5級

mother

[mʌ́ðər] マザァ

▶ My **mother** was ironing unko.

家族・友だち 人 0358

5級

dad

[dæd] デァド

▶ **Dad,** let's play catch with unko!

家族・友だち 人 0359

5級

mom

[mɑm] マーム

▶ **Mom,** that unko just talked.

家族・友だち 人 0360

5級

名 **父**（ちち）

父に言えば，どんなうんこでも用意できます。

0357 人 家族・友だち

5級

名 **母**（はは）

母がうんこにアイロンをかけていた。

0358 人 家族・友だち

5級

名 **パパ**

パパ，うんこでキャッチボールしよう！

0359 人 家族・友だち

5級

名 **ママ**

ママ，今うんこがしゃべったよ。

0360 人 家族・友だち

5級

brother

[brʌ́ðər] ブラザァ

▶ The unko of **brothers** is very similar.

家族・友だち 人 0361

5級

sister

[sístər] スィスタァ

▶ I forgot my unko in my **sister**'s room.

家族・友だち 人 0362

5級

baby

[béibi] ベイビィ

▶ hold unko like a **baby**

家族・友だち 人 0363

5級

grandfather

[grǽndfɑːðər] グレァンファーザァ

▶ My **grandfather** showed me a picture of old unko.

家族・友だち 人 0364

5級

名 **兄，弟**

兄弟のうんこはよく似ています。

0361 人 家族・友だち

5級

名 **姉，妹**

姉も妹も
sister
なんじゃな。

姉の部屋にうんこを忘れてきた。

0362 人 家族・友だち

5級

名 **赤ちゃん**

うんこを**赤ちゃん**のようにだっこする

0363 人 家族・友だち

5級

名 **祖父**

祖父が古いうんこの写真を見せてくれた。

0364 人 家族・友だち

5級

grandmother

[grǽndmʌðər] グレァンマザァ

▶My **grandmother** is tying three pieces of unko together.

家族・友だち 人 0365

5級

parent

[péərənt] ペアレント

▶I can't show this unko to my **parents**.

家族・友だち 人 0366

3級

grandparent

[grǽndpeərənt] グレァンペアレント

▶precious unko my **grandparents** gave me

家族・友だち 人 0367

4級

son

[sʌn] サン

▶He is walking around with his **son**'s unko in his wallet.

家族・友だち 人 0368

5級

名 祖母

祖母がうんこを3個ずつしばっている。

0365 人 家族・友だち

5級

名 親

このうんこは親には見せられない。

0366 人 家族・友だち

3級

名 祖父母

祖父母からもらった大事なうんこ

0367 人 家族・友だち

4級

名 むすこ

かれはむすこのうんこをさいふに入れて
持ち歩いている。

0368 人 家族・友だち

4級

daughter

[dɔ́:tər] ドータァ

▶ The unko painting I got from my **daughter** is my treasure.

家族・友だち 人 0369

4級

uncle

[ʌ́ŋkl] アンコゥ

▶ My **uncle** can let out 5 pieces of unko at once.

家族・友だち 人 0370

4級

aunt

[ænt] エァント

▶ I've seen foreign unko at my **aunt**'s house before.

家族・友だち 人 0371

4級

cousin

[kʌ́zn] カズン

▶ Now that all of us **cousins** are here, let's do unko.

家族・友だち 人 0372

4級

名 **むすめ**

むすめからもらったうんこの絵は宝物だ。

0369 人 家族・友だち

4級

名 **おじ**

私の**おじ**は，うんこを５個
同時に出せます。

0370 人 家族・友だち

4級

名 **おば**

おばの家で，外国のうんこを見たことがある。

0371 人 家族・友だち

4級

名 **いとこ**

いとこが全員そろったので，うんこでもしよう。

0372 人 家族・友だち

5級

family

[fǽməli] フェァミリィ

▶homework to draw a picture of your **family**'s unko

家族・友だち 人 0373

5級

boy

[bɔi] ボイ

▶A **boy** is twirling unko around on the roof.

家族・友だち 人 0374

5級

girl

[gəːrl] ガ～ゥ

▶a **girl** who can control unko at will

家族・友だち 人 0375

5級

child

[tʃaild] チャイゥド

▶When I have a **child**, I'll give them this unko.

家族・友だち 人 0376

5級

名 家族

家族のうんこを絵にかく宿題

0373 人 家族・友だち

5級

名 男の子

男の子が屋上でうんこをふり回している。

0374 人 家族・友だち

5級

名 女の子

うんこを自由自在にあやつれる女の子

0375 人 家族・友だち

5級

名 子ども

いつか子どもができたら，このうんこをあげよう。

0376 人 家族・友だち

5級

children

[tʃíldrən] チゥドゥレン

▸For our **children**'s future, we should take care of unko.

家族・友だち 人 0377

5級

friend

[frend] フレンド

▸The **friends** huddle together and do unko.

家族・友だち 人 0378

5級

classmate

[klǽsmeit] クレァスメイト

▸I won't show unko to someone who's not my **classmate**.

家族・友だち 人 0379

5級

man

[mæn] メァン

▸Who is that **man** who is doing unko in the lawn?

家族・友だち 人 0380

5級

名 **子どもたち**

子どもたちの未来のためにも，うんこを大切に。

0377 人 家族・友だち

5級

名 **友だち**

友だちとかたを組んでうんこをする。

0378 人 家族・友だち

5級

名 **クラスメイト**

クラスメイトじゃない人にうんこは見せないよ。

0379 人 家族・友だち

5級

名 **男性**

庭でうんこをしている男性はだれですか？

0380 人 家族・友だち

5級

woman

[wúmən] ウマン

▶ The first **woman** to get here will receive free unko.

家族・友だち 人 0381

5級

pet

[pet] ペッ

▶ Is dog unko sold at **pet** shops?

家族・友だち 人 0382

5級

Mr.

[místər] ミスタァ

▶ **Mr.** Masuda always compliments me on my unko.

家族・友だち 人 0383

5級

Ms.

[miz] ミズ

▶ Please deliver this unko to **Ms.** Wood.

家族・友だち 人 0384

5級

名 **女性**（じょせい）

先着（せんちゃく）1名（めい）の**女性**（じょせい）にうんこをプレゼント。

0381 人 家族・友だち

5級

名 **ペット**

犬（いぬ）のうんこは**ペット**ショップで売（う）っていますか？

0382 人 家族・友だち

5級

名 （男性（だんせい）につけて） **〜さん，〜先生**（せんせい）

増田先生（ますだせんせい）はいつもぼくのうんこをほめてくれる。

0383 人 家族・友だち

5級

名 （女性（じょせい）につけて） **〜さん，〜先生**（せんせい）

このうんこをウッド**先生**（せんせい）に届（とど）けてください。

0384 人 家族・友だち

4級

member

[mémbər] メンバァ

▶ I'm a **member** of the "Go See the Principal's Unko" club.

家族・友だち 人 0385

5級

people

[píːpl] ピーポゥ

▶ a job where you distribute unko to **people**

家族・友だち 人 0386

5級

teacher

[tíːtʃər] ティーチァ

▶ The **teacher** is doing unko on top of the monkey bars.

職業 人 0387

5級

doctor

[dáktər] ダークタァ

▶ a **doctor** who operates on unko

職業 人 0388

4級

名 一員(いちいん), メンバー

私(わたし)は「校長先生(こうちょうせんせい)のうんこを見(み)に行(い)く会(かい)」の一員(いちいん)だ。

0385 人 家族・友だち

5級

名 人々(ひとびと)

人々(ひとびと)にうんこを配(くば)る職業(しょくぎょう)

0386 人 家族・友だち

5級

名 先生(せんせい)

先生(せんせい)がうんていの上(うえ)でうんこをしている。

0387 人 職業

5級

名 医者(いしゃ)

うんこを手術(しゅじゅつ)するお医者(いしゃ)さん

0388 人 職業

5級

pilot

[páilət] パイロッ

▸ **Pilot** unko costs 1,800 yen a piece.

職業 人 0389

5級

police officer

[pəlíːs ɔ́ːfisər] ポリーソーフィサァ

▸ The **police officers** are having a conversation about unko.

職業 人 0390

5級

nurse

[nəːrs] ナ〜ス

▸ A **nurse** hooked my unko up to an IV drip.

職業 人 0391

5級

singer

[síŋər] スィンガァ

▸ A popular **singer** is singing while doing unko in his pants.

職業 人 0392

5級

名 パイロット

パイロットのうんこは1個1800円になります。

0389 人 職業

5級

名 警察官（けいさつかん）

警察官たちがうんこの話でもりあがっている。

0390 人 職業

5級

名 看護師（かんごし）

看護師がぼくのうんこに点てきを打ってくれた。

0391 人 職業

5級

名 歌手（かしゅ）

人気歌手がうんこをもらしながら歌っています。

0392 人 職業

musician

[mju:zíʃən] ミューズィシャン

▶ Let's go see a foreign **musician**'s unko.

職業 人 0393

4級

artist

[á:rtist] アーァティスト

▶ An **artist** with unko in both hands is yelling something.

職業 人 0394

5級

cook

[kuk] クック

▶ The **cook** gazed at the unko with her arms crossed.

職業 人 0395

5級

vet

[vet] ヴェッ

▶ Not even a **vet** can cure unko.

職業 人 0396

名 音楽家, ミュージシャン

外国のミュージシャンのうんこを見に行こう。

0393 人 職業

4級

名 芸術家, アーティスト

うんこを両手に持った芸術家が何かさけんでいる。

0394 人 職業

5級

名 料理人 動 料理する

料理人がうんこを見つめてうで組みしていた。

0395 人 職業

5級

名 じゅう医

いくらじゅう医さんでもうんこは治せない。

0396 人 職業

5級

florist

[flɔ́:rist] フローリスト

▶ The **florist** put flowers in the unko for me.

職業 人 0397

5級

farmer

[fá:rmər] ファーァマァ

▶ I got a large amount of unko from the **farmer**.

職業 人 0398

5級

baker

[béikər] ベイカァ

▶ The **baker** is baking the unko to a nice golden brown.

職業 人 0399

5級

driver

[dráivər] ドゥライヴァ

▶ A **driver** got in a train with unko.

職業 人 0400

5級

名 花屋(はなや)さん

花屋(はなや)さんがうんこに花(はな)をさしてくれました。

0397 人 職業

5級

名 農家(のうか)の人(ひと)

農家(のうか)の人(ひと)から大量(たいりょう)のうんこをもらった。

0398 人 職業

5級

名 パン屋(や)さん

パン屋(や)さんがうんこをこんがり焼(や)いている。

0399 人 職業

5級

名 運転士(うんてんし)

運転士(うんてんし)がうんこを持(も)って電車(でんしゃ)に乗(の)りこんだ。

0400 人 職業

5級

bus driver

[bʌs dráivər] バス ドゥライヴァ

▶ a **bus driver** who perfectly evades unko while driving

職業 人 0401

3級

astronaut

[æstrənɔ:t] エァストロノート

▶ an **astronaut** who spins around with unko in her hands

職業 人 0402

comedian

[kəmí:diən] コミーディアン

▶ The **comedian** is drowning in the unko pool.

職業 人 0403

flight attendant

[flait əténdənt] フライタテンダント

▶ I did unko in my pants, so let's call a **flight attendant**.

職業 人 0404

5級

名 バスの運転手

見事にうんこをさけて走るバスの運転手

0401 人 職業

3級

名 宇宙飛行士

うんこを持ってくるくる回る宇宙飛行士

0402 人 職業

名 お笑い芸人，コメディアン

お笑い芸人がうんこのプールでおぼれている。

0403 人 職業

名 (飛行機の)客室乗務員

うんこがもれたので客室乗務員を呼ぼう。

0404 人 職業

人 PEOPLE

designer

[dizáinər] ディザイナァ

▶ The unko of fashion **designers** is fancy.

職業 人 0405

5級

baseball player

[béisbɔ:l pléiər] ベイスボーゥ プレイアァ

▶ The **baseball player** signed my unko.

職業 人 0406

5級

soccer player

[sákər pléiər] サーッカァ プレイアァ

▶ a **soccer player** who juggles unko

職業 人 0407

figure skater

[fígjər skéitər] フィギュァ スケイタァ

▶ give flowers and unko to the **figure skater**

職業 人 0408

名 **デザイナー**

ファッション**デザイナー**のうんこはおしゃれだ。

0405 人 職業

5級

名 **野球選手**(やきゅうせんしゅ)

野球選手(やきゅうせんしゅ)がぼくのうんこにサインしてくれた。

0406 人 職業

5級

名 **サッカー選手**(せんしゅ)

うんこをリフティングする**サッカー選手**(せんしゅ)

0407 人 職業

名 **フィギュアスケートの選手**(せんしゅ)

フィギュアスケートの選手(せんしゅ)に花(はな)とうんこをわたす

0408 人 職業

4級

dentist

[déntist] デンティスト

▶ The **dentist** is using a drill to drill a hole in the unko.

職業 人 0409

5級

pianist

[piǽnist] ピエァニスト

▶ a **pianist** performing while holding unko

職業 人 0410

3級

scientist

[sáiəntist] サイエンティスト

▶ He is a **scientist** who researches unko.

職業 人 0411

zookeeper

[zú:ki:pər] ズーキーパァ

▶ That is the unko of our **zookeeper**.

職業 人 0412

4級

名 歯医者

歯医者さんがドリルでうんこをけずっている。

0409 人 職業

5級

名 ピアニスト

うんこをがまんして演奏を続けるピアニスト

0410 人 職業

3級

名 科学者

scのつづりに注意じゃ。

かれはうんこを研究する科学者だ。

0411 人 職業

名 動物園の飼育員

そちらはこの動物園の飼育員のうんこでございます。

0412 人 職業

3級

programmer

[próugræmər] プロウグレァマァ

▶ The **programmer** is taking a break on top of unko.

職業 人 0413

4級

fisher

[fíʃər] フィシァ

▶ A **fisher** reeled in a huge piece of unko.

職業 人 0414

3級

king

[kiŋ] キング

▶ Looking directly at the **king**'s unko is not allowed.

職業 人 0415

3級

queen

[kwi:n] クウィーン

▶ The **queen** waved her hand at my unko.

職業 人 0416

3級

名 **プログラマー**

プログラマーがうんこの上で休けいしている。

0413 人 職業

4級

名 **漁師，つり人**

つり人がきょ大なうんこをつり上げた。

0414 人 職業

3級

名 **王**

王のうんこを直接見ることは許されない。

0415 人 職業

3級

名 **女王**

女王様がぼくのうんこに手をふってくれた。

0416 人 職業

4級

volunteer

[vɑləntíər] ヴァーランティアァ

▶ We are seeking **volunteers** to do unko at the park.

職業 人 0417

carpenter

[kάːrpəntər] カーァペンタァ

▶ A **carpenter** is driving a nail into unko.

職業 人 0418

4級

actor

[ǽktər] エァクタァ

▶ a big-name **actor** who plays the role of unko

職業 人 0419

4級

job

[dʒɑb] ヂャーブ

▶ I wonder if unko differs by **job**.

職業 人 0420

4級

名 **ボランティア**

公園(こうえん)でうんこをしてくれる**ボランティア**をぼ集(しゅう)します。

0417 人 職業

名 **大工(だいく)**

大工(だいく)さんがうんこにくぎをさしている。

0418 人 職業

4級

名 **俳優(はいゆう)**

うんこの役(やく)を演(えん)じる大物(おおもの)**俳優(はいゆう)**

0419 人 職業

4級

名 **仕事(しごと), 職業(しょくぎょう)**

職業(しょくぎょう)によってうんこはちがうのかな。

0420 人 職業

5級

classroom

[klǽsru:m] クレアスルーム

▶ There is unko hanging from the ceiling in the **classroom.**

校舎 学校 0421

music room

[mjú:zik ru:m] ミューズィク ルーム

▶ Someone smeared the piano in the **music room** in unko.

校舎 学校 0422

computer room

[kəmpjú:tər ru:m] コンピュータァ ルーム

▶ Bring your unko and gather in the **computer room.**

校舎 学校 0423

3級

restroom

[réstru:m] レストゥルーム

▶ I did unko in my pants, but I will go to the **restroom.**

校舎 学校 0424

5級

名 教室

教室の天じょうからうんこがぶら下がっている。

0421 学校 校舎

名 音楽室

だれかが**音楽室**のピアノをうんこまみれにした。

0422 学校 校舎

名 コンピュータールーム

うんこを持って**コンピュータールーム**に集合。

0423 学校 校舎

3級

名 トイレ

うんこはもれたが，**トイレ**には行く。

0424 学校 校舎

school nurse's office

[skú:l nə:rsiz ɔ́:fis] スクーゥ ナ～スィゾーフィス

▶ Let's talk about unko in the **school nurse's office.**

校舎 学校 0425

teachers' office

[tí:tʃərz ɔ́:fis] ティーチァゾーフィス

▶ smear your body in unko and enter the **teachers' office**

校舎 学校 0426

3級

entrance

[éntrəns] エントゥランス

▶ The **entrance** was blocked off by a huge piece of unko.

校舎 学校 0427

4級

playground

[pléigraund] プレイグラウンド

▶ The principal is covering the **playground** with unko.

校舎 学校 0428

名 保健室

保健室でうんこの話でもしようか。

0425 学校 校舎

名 職員室

うんこを全身に巻いて職員室に入る

0426 学校 校舎

3級

名 しょう降口

きょ大なうんこでしょう降口が
ふさがってしまった。

0427 学校 校舎

4級

名 校庭

校長先生が校庭にうんこをしきつめている。

0428 学校 校舎

4級

blackboard

[blǽkbɔːrd] ブレァクボード

▶ A piece of unko broke through the **blackboard.**

校舎 学校 0429

5級

English

[íŋgliʃ] イングリッシュ

▶ It was during **English** class that I did unko in my pants.

教科・授業 学校 0430

5級

Japanese

[dʒæpəníːz] ヂェァパニーズ

▶ I learned the word "unko" in **Japanese** class today.

教科・授業 学校 0431

5級

science

[sáiəns] サイエンス

▶ This unko is used in **science** class experiments.

教科・授業 学校 0432

4級

名 **黒板**

うんこが**黒板**をつき破った。

0429 学校 校舎

5級

名 **英語** 形 **英語の**

うんこがもれたのは**英語**の授業のときです。

0430 学校 教科・授業

5級

名 **国語, 日本語** 形 **日本語の**

今日, **国語**の授業で「うんこ」ということばを知った。

0431 学校 教科・授業

5級

名 **理科**

このうんこは**理科**の実験で使うものです。

0432 学校 教科・授業

5級

social studies

[sóuʃəl stʌ̀diz] ソウシャゥ スタディズ

▶I learned about unko around the world during **social studies.**

教科・授業 学校 0433

5級

math

[mæθ] メァス

▶scoop up unko with the **math** textbook

教科・授業 学校 0434

5級

P.E.

[píːíː] ピーイー

▶For **P.E.** today the whole class will do unko.

教科・授業 学校 0435

5級

music

[mjúːzik] ミューズィク

▶In today's **music** class, we will make sound with unko.

教科・授業 学校 0436

5級

名 **社会**（しゃかい）

社会の時間に世界のうんこについて学んだ。

0433 学校 教科・授業

5級

名 **算数**（さんすう）

算数の教科書でうんこをすくいあげる

0434 学校 教科・授業

5級

名 **体育**（たいいく）

今日の体育は，クラス全員でうんこをします。

0435 学校 教科・授業

5級

名 **音楽**（おんがく）

今日の音楽は，うんこで音を出します。

0436 学校 教科・授業

home economics

[houm iːkənámiks] ホウミコナミクス

▶ In today's **home economics** class, we will iron unko.

教科・授業 学校 0437

arts and crafts

[áːrts ənd krǽfts] アーァツァン クレァフツ

▶ In today's **arts and crafts** class, we will make unko with clay.

教科・授業 学校 0438

5級

history

[hístəri] ヒストゥリィ

▶ A piece of unko this large is unusual throughout **history**.

教科・授業 学校 0439

5級

subject

[sʌ́bdʒikt] サブヂェクト

▶ I wonder why there's no "unko" **subject**.

教科・授業 学校 0440

名 **家庭科**

今日の家庭科は，うんこにアイロンをかけます。

0437 学校 教科・授業

名 **図画工作**（図工）

今日の図工は，ねん土でうんこを作ります。

0438 学校 教科・授業

5級

名 **歴史**

歴史上でもここまで大きなうんこはめずらしい。

0439 学校 教科・授業

5級

名 **教科，主題，テーマ**

どうして「うんこ」という教科がないのだろう。

0440 学校 教科・授業

5級

homework

[hóumwə:rk] ホウムワ～ク

▶ **homework** to take notes on your family's unko

教科・授業 学校 0441

5級

student

[stjú:dənt] ステューデント

▶ alternately line up the **student**'s unko and the teacher's

教科・授業 学校 0442

5級

class

[klæs] クレァス

▶ We usually talk about unko between **classes.**

教科・授業 学校 0443

3級

lesson

[lésn] レスン

▶ I can't play today because I have an unko **lesson.**

教科・授業 学校 0444

5級

名 宿題

家族のうんこをノートにかき写す宿題

0441 学校 教科・授業

5級

名 児童，生徒

児童のうんこと先生のうんこを交ごに並べる

0442 学校 教科・授業

5級

名 クラス，授業

授業と授業の間はだいたいうんこの話をしています。

0443 学校 教科・授業

3級

名 レッスン，授業

今日はうんこのレッスンがあるから遊べないよ。

0444 学校 教科・授業

5級

test

[test] テスト

▶ wrap up unko in a **test** sheet

教科・授業 学校 0445

4級

exam

[igzǽm] イグゼァム

▶ If you pass this **exam**, I'll give you my unko.

教科・授業 学校 0446

baseball team

[béisbɔːl tiːm] ベイスボーゥ ティーム

▶ A member of the **baseball team** is sliding to unko.

クラブ活動・部活動 学校 0447

soccer team

[sákər tiːm] サーッカァ ティーム

▶ A member of the **soccer team** is polishing unko.

クラブ活動・部活動 学校 0448

5級

名 **テスト**

テスト用紙(ようし)でうんこをくるむ

0445 学校 教科・授業

4級

名 **試験(しけん)**

この試験(しけん)に合格(ごうかく)したら，私(わたし)のうんこをあたえよう。

0446 学校 教科・授業

名 **野球部(やきゅうぶ)**

野球部員(やきゅうぶいん)がうんこに向(む)かってスライディングしている。

0447 学校 クラブ活動・部活動

名 **サッカー部(ぶ)**

サッカー部員(ぶいん)がうんこをみがいている。

0448 学校 クラブ活動・部活動

tennis team

[ténis ti:m] テニス ティーム

▶ The **tennis team** is hitting unko with rackets.

クラブ活動・部活動 学校 0449

basketball team

[bǽskitbɔ:l ti:m] ベァスキッボーゥ ティーム

▶ A member of the **basketball team** is rolling unko with his finger.

クラブ活動・部活動 学校 0450

track and field team

[trǽk ənd fí:ld ti:m] トレァッカンフィーゥド ティーム

▶ A member of the **track and field team** is dashing with unko.

クラブ活動・部活動 学校 0451

art club

[ɑ:rt klʌb] アーァト クラブ

▶ There's a lot of unko in the **art club**'s room.

クラブ活動・部活動 学校 0452

名 テニス部

テニス部員がラケットでうんこを打っている。

0449 学校 クラブ活動・部活動

名 バスケットボール部

バスケットボール部員が指でうんこをくるくる回している。

0450 学校 クラブ活動・部活動

名 陸上部

陸上部員がうんこを持ってダッシュしている。

0451 学校 クラブ活動・部活動

名 美術部，芸術部

うんこなら，美術部の部室にいっぱいあるよ。

0452 学校 クラブ活動・部活動

newspaper club

[njúːzpeipər klʌb] ニューズペイパァ クラブ

▶ The **newspaper club** came to do a story on my unko.

クラブ活動・部活動 学校 0453

brass band

[bræs bǽnd] ブレァス ベァンド

▶ There's unko on the stage, so the **brass band** can't perform.

クラブ活動・部活動 学校 0454

chorus

[kɔ́ːrəs] コーラス

▶ No one will notice if you do unko in your pants during **chorus**.

クラブ活動・部活動 学校 0455

cooking club

[kúkiŋ klʌb] クキング クラブ

▶ Talk about unko in front of the **cooking club** and they'll get mad.

クラブ活動・部活動 学校 0456

名 **新聞部**

新聞部がぼくのうんこを取材に来た。

0453 学校 クラブ活動・部活動

名 **すい奏楽部，ブラスバンド**

ぶ台上にうんこがあって,すい奏楽部が演奏できない。

0454 学校 クラブ活動・部活動

名 **合唱部，合唱**

合唱中にうんこをもらしてもだれも気づかないさ。

0455 学校 クラブ活動・部活動

名 **料理部**

料理部員の前でうんこの話をするとおこるよ。

0456 学校 クラブ活動・部活動

club activity

[klʌb æktívəti] クラベァクティヴィティ

▶ Try hard during **club activities,** and you can get the principal's unko.

クラブ活動・部活動 学校 0457

entrance ceremony

[éntrəns sérəmouni] エントゥランセレモウニィ

▶ I haven't done unko once since the **entrance ceremony.**

学校行事 学校 0458

drama festival

[drá:mə féstəvəl] ドゥラーマ フェスティヴァゥ

▶ At the **drama festival,** everyone in my class played as unko.

学校行事 学校 0459

field trip

[fí:ld trip] フィーゥド トゥリップ

▶ I couldn't stop doing unko on the day of the **field trip.**

学校行事 学校 0460

名 クラブ活動，部活動

クラブ活動をがんばれば，校長先生のうんこがもらえる。

0457 学校 クラブ活動・部活動

名 入学式

ぼくは入学式の日から一度もうんこをしていない。

0458 学校 学校行事

名 学芸会

学芸会で，ぼくらのクラスは全員うんこの役でした。

0459 学校 学校行事

名 遠足

遠足の日にかぎって，朝からうんこが止まらない。

0460 学校 学校行事

school trip

[skú:l trip] スクーゥ トゥリップ

▶ We all talked about unko on the night of the **school trip.**

学校行事 学校 0461

music festival

[mjú:zik féstəvəl] ミューズィク フェスティヴァゥ

▶ It's a **music festival**—why do we need unko?

学校行事 学校 0462

chorus contest

[kɔ́:rəs kántest] コーラス カーンテスト

▶ People who have unko cannot participate in the **chorus contest.**

学校行事 学校 0463

sports day

[spɔ́:rts dei] スポーツ デイ

▶ Unko rolling was the most popular event on **sports day.**

学校行事 学校 0464

名 **修学旅行**（しゅうがくりょこう）

修学旅行の夜，みんなでうんこの話をしたね。

0461 学校 学校行事

名 **音楽会**（おんがくかい）

どうして音楽会なのにうんこが必要なんですか？

0462 学校 学校行事

名 **合唱大会**（がっしょうたいかい）

うんこを持っている方は合唱大会に参加できません。

0463 学校 学校行事

名 **運動会**（うんどうかい）

運動会ではうんこ転がしが一番盛り上がった。

0464 学校 学校行事

swimming meet

[swímiŋ miːt] スウィミング ミート

▶ The **swimming meet** was canceled because some unko was on the pool.

学校行事 学校 0465

volunteer day

[vɑləntíər dei] ヴァーランティア デイ

▶ On **volunteer day,** we pick up unko around the whole city.

学校行事 学校 0466

graduation ceremony

[grædʒuéiʃən sérəmouni] グレァヂュエイション セレモウニィ

▶ We threw our unko into the air at the **graduation ceremony.**

学校行事 学校 0467

4級

summer vacation

[sʌ́mər veikéiʃən] サマァ ヴェイケイション

▶ It's **summer vacation,** when we can do unko anytime.

学校行事 学校 0468

名 水泳大会

プールにうんこが浮いていたため**水泳大会**は中止になった。

0465 学校 学校行事

名 ボランティアデー

ボランティアデーに，街じゅうのうんこを拾う。

0466 学校 学校行事

名 卒業式

卒業式で，うんこを空に放り上げた。

0467 学校 学校行事

4級

名 夏休み

うんこし放題の**夏休み**だ。

0468 学校 学校行事

3級

meeting

[míːtiŋ] ミーティング

▸ a **meeting** to decide on a new name for unko

学校行事 学校 0469

4級

contest

[kántest] カーンテスト

▸ My brother's unko came in first place at the **contest**.

学校行事 学校 0470

3級

名 会議（かいぎ）

うんこの新（あたら）しい呼（よ）び方（かた）を決（き）める**会議**（かいぎ）

0469 学校 学校行事

4級

名 コンテスト

兄（あに）のうんこが**コンテスト**で1位（い）になった。

0470 学校 学校行事

5級

January

[dʒǽnjueri] チェアニュエリィ

▶I got ahold of an unusual piece of unko this **January**.

月・季節 月・曜日・行事 0471

5級

February

[fébrueri] フェブルエリィ

▶The piece of unko started crawling in **February**.

月・季節 月・曜日・行事 0472

5級

March

[mɑːrtʃ] マーァチ

▶In **March**, the piece of unko started getting bigger.

月・季節 月・曜日・行事 0473

5級

April

[éiprəl] エイプリゥ

▶In **April**, the piece of unko grew hands and legs.

月・季節 月・曜日・行事 0474

5級

名 1月

今年の1月，めずらしいうんこを手に入れた。

0471 月・曜日・行事 月・季節

5級

名 2月

2月になると，うんこがもぞもぞ動き出した。

0472 月・曜日・行事 月・季節

5級

名 3月

3月ごろ，うんこが少し大きくなり始めた。

0473 月・曜日・行事 月・季節

5級

名 4月

4月，うんこから手足が生えてきた。

0474 月・曜日・行事 月・季節

5級

May

[mei] メイ

▶ In **May**, the piece of unko grew wings.

月・季節　月・曜日・行事　0475

5級

June

[dʒuːn] ヂューン

▶ In **June**, the piece of unko started sucking tree nectar.

月・季節　月・曜日・行事　0476

5級

July

[dʒulái] ヂュライ

▶ By **July**, the piece of unko was very attached to me.

月・季節　月・曜日・行事　0477

5級

August

[ɔ́ːgəst] オーガスト

▶ One evening in **August**, the piece of unko went missing.

月・季節　月・曜日・行事　0478

5級

名 5月

5月，うんこに羽が生えてきた。

0475 月・曜日・行事 月・季節

5級

名 6月

6月，うんこが木のみつを吸い始めた。

0476 月・曜日・行事 月・季節

5級

名 7月

7月，うんこはぼくにとてもなついている。

0477 月・曜日・行事 月・季節

5級

名 8月

8月のある晩，うんこがいなくなってしまった。

0478 月・曜日・行事 月・季節

5級

September

[septémbər] セプテンバァ

▶In **September**, the piece of unko came home.

月・季節 月・曜日・行事 0479

5級

October

[ɑktóubər] アークトウバァ

▶In **October**, the piece of unko became still in the ground.

月・季節 月・曜日・行事 0480

5級

November

[nouvémbər] ノウヴェンバァ

▶In **November**, the piece of unko laid an egg.

月・季節 月・曜日・行事 0481

5級

December

[disémbər] ディセンバァ

▶In **December**, a small piece of unko came out of the egg.

月・季節 月・曜日・行事 0482

5級

名 9月

9月，いなくなったうんこが帰ってきた。

0479 月・曜日・行事 月・季節

5級

名 10月

10月，うんこが土の中でじっと動かなくなった。

0480 月・曜日・行事 月・季節

5級

名 11月

11月，うんこが卵を産んだ。

0481 月・曜日・行事 月・季節

5級

名 12月

12月，卵から小さなうんこが出てきた。

0482 月・曜日・行事 月・季節

5級

month

[mʌnθ] マンス

▶flush your unko store once a **month**

月・季節 月・曜日・行事 0483

5級

year

[jiər] イアァ

▶It took me a **year** to make this big of an unko ball.

月・季節 月・曜日・行事 0484

5級

season

[síːzn] スィーズン

▶It's almost the **season** when doing unko outside is fun.

月・季節 月・曜日・行事 0485

5級

spring

[spriŋ] スプリング

▶Do you have any unko in a more **spring**-like color?

月・季節 月・曜日・行事 0486

5級

名 (こよみの) 月(つき)

ためたうんこを，月(つき)に1回(かい)流(なが)す

0483 月・曜日・行事 月・季節

5級

名 年(とし)

この大(おお)きさのうんこ玉(だま)を作(つく)るのに1年(ねん)かかりました。

0484 月・曜日・行事 月・季節

5級

名 季節(きせつ)

そろそろ外(そと)でうんこをするのが楽(たの)しい季節(きせつ)だ。

0485 月・曜日・行事 月・季節

5級

名 春(はる)

もう少(すこ)し春(はる)らしい色(いろ)のうんこはありますか？

0486 月・曜日・行事 月・季節

5級

summer

[sʌ́mər] サマァ

▶This **summer**, a special unko is coming from America.

月・季節 月・曜日・行事 0487

5級

fall

[fɔ:l] フォーゥ

▶This is a piece of unko I picked up last **fall**.

月・季節 月・曜日・行事 0488

5級

winter

[wíntər] ウィンタァ

▶It's too cold in **winter** to do unko on the veranda.

月・季節 月・曜日・行事 0489

New Year's Day

[nju: jiərz déi] ニュー イアァズ デイ

▶Let's do unko as soon as it becomes **New Year's Day**.

行事 月・曜日・行事 0490

5級

名 夏（なつ）

この夏（なつ），アメリカからすごいうんこがやってくる。

0487 月・曜日・行事 月・季節

5級

名 秋（あき）

これは去年（きょねん）の秋（あき）ごろに拾（ひろ）ったうんこです。

秋（あき）はautumn［オータム］と言（い）うこともあるぞ。

0488 月・曜日・行事 月・季節

5級

名 冬（ふゆ）

冬（ふゆ）は寒（さむ）くてベランダでうんこができなくなる。

0489 月・曜日・行事 月・季節

名 元日（がんじつ），正月（しょうがつ）

元日（がんじつ）になったしゅん間（かん）にせーのでうんこをしよう。

0490 月・曜日・行事 行事

Dolls' Festival

[dɑlz féstəvəl] ダウズ フェスティヴァゥ

▶ There's a piece of unko among the **Dolls' Festival** dolls.

行事 月・曜日・行事 0491

Star Festival

[stɑːr féstəvəl] スターァ フェスティヴァゥ

▶ I exchanged unko with that girl on the **Star Festival** day.

行事 月・曜日・行事 0492

fireworks

[fáiərwəːrks] ファイアァワ～クス

▶ My father sounds like **fireworks** when he does unko.

行事 月・曜日・行事 0493

5級

birthday

[bə́ːrθdei] バ～スデイ

▶ Pieces of unko have **birthdays**, too.

行事 月・曜日・行事 0494

名 **ひな祭(まつ)り**

ひな祭(まつ)りの人形(にんぎょう)にまぎれてうんこが置(お)いてある。

0491 月・曜日・行事 行事

名 **七夕(たなばた)**

七夕(たなばた)の日(ひ)に，あの子(こ)とうんこを交(こう)かんした。

0492 月・曜日・行事 行事

名 **花火(はなび)**

父(ちち)のうんこは打(う)ち上(あ)げ**花火(はなび)**のような音(おと)がする。

0493 月・曜日・行事 行事

5級

名 **誕生日(たんじょうび)**

irのつづりに注意(ちゅうい)じゃ。

うんこにも**誕生日(たんじょうび)**があるんだ。

0494 月・曜日・行事 行事

4級

festival

[féstəvəl] フェスティヴァゥ

▶ a **festival** where you dance with unko on your head

行事 月・曜日・行事 0495

4級

vacation

[veikéiʃən] ヴェイケイション

▶ I kept drawing unko during my **vacation.**

行事 月・曜日・行事 0496

party

[pá:rti] パーァティ

▶ The participants at the **party** were all given white unko.

行事 月・曜日・行事 0497

tour

[tuər] トゥアァ

▶ a **tour** to go see unko in Egypt

行事 月・曜日・行事 0498

4級

名 祭(まつ)り

うんこを頭(あたま)に乗(の)せておどる祭(まつ)り

0495 月・曜日・行事 行事

4級

名 休(きゅう)か，休(やす)み

休(きゅう)か中(ちゅう)はずっとうんこの絵(え)をかいていました。

0496 月・曜日・行事 行事

名 パーティー

パーティーの参加者(さんかしゃ)に白(しろ)いうんこが配(くば)られた。

0497 月・曜日・行事 行事

名 ツアー

エジプトにうんこを見(み)に行(い)くツアー

0498 月・曜日・行事 行事

5級

Sunday

[sʌ́ndei] サンデイ

▶I'll flush this unko down the toilet on **Sunday.**

曜日・時間 月・曜日・行事 0499

5級

Monday

[mʌ́ndei] マンデイ

▶Unko on **Monday** is usually like this.

曜日・時間 月・曜日・行事 0500

5級

Tuesday

[tjú:zdei] テューズデイ

▶Why don't we do unko together next **Tuesday**?

曜日・時間 月・曜日・行事 0501

5級

Wednesday

[wénzdei] ウェンズデイ

▶I have unko lessons every **Wednesday.**

曜日・時間 月・曜日・行事 0502

5級

名 日曜日

このうんこは日曜日になったらちゃんと流すよ。

0499 月・曜日・行事 曜日・時間

5級

名 月曜日

月曜日のうんこはだいたいこんな感じです。

0500 月・曜日・行事 曜日・時間

5級

名 火曜日

次の火曜日，いっしょにうんこしない？

0501 月・曜日・行事 曜日・時間

5級

名 水曜日

水曜日は
つづりが
難しいぞ。

毎週水曜日はうんこの
レッスンがある。

0502 月・曜日・行事 曜日・時間

5級

Thursday

[θə́ːrzdei] サ～ズデイ

▶ The unko I wanted gets here on **Thursday.**

曜日・時間 月・曜日・行事 0503

5級

Friday

[fráidei] フライデイ

▶ I do unko with my family on **Friday** nights.

曜日・時間 月・曜日・行事 0504

5級

Saturday

[sǽtərdei] セァタデイ

▶ I recommend **Saturday** for doing unko.

曜日・時間 月・曜日・行事 0505

5級

week

[wiːk] ウィーク

▶ This **week** it's your turn to do unko.

曜日・時間 月・曜日・行事 0506

5級

名 木曜日（もくようび）

木曜日（もくようび）に，ほしかったうんこが届（とど）く。

0503 月・曜日・行事 曜日・時間

5級

名 金曜日（きんようび）

金曜日（きんようび）の夜（よる）は家族（かぞく）いっしょにうんこをします。

0504 月・曜日・行事 曜日・時間

5級

名 土曜日（どようび）

うんこをするなら土曜日（どようび）がおすすめです。

0505 月・曜日・行事 曜日・時間

5級

名 週（しゅう）

今週（こんしゅう）はきみがうんこをする番（ばん）だ。

0506 月・曜日・行事 曜日・時間

5級

day

[dei] デイ

▶I looked for “Unko **Day**” on the calendar.

曜日・時間 月・曜日・行事 0507

5級

morning

[mɔ́ːrniŋ] モーニング

▶All of the TV shows this **morning** are about unko.

曜日・時間 月・曜日・行事 0508

4級

noon

[nuːn] ヌーン

▶I’ll show you that I can do unko exactly at **noon**.

曜日・時間 月・曜日・行事 0509

5級

afternoon

[æftərnúːn] エァフタヌーン

▶It is expected to rain unko in the city tomorrow **afternoon**.

曜日・時間 月・曜日・行事 0510

5級

名 日（ひ）

カレンダーで「うんこの**日**（ひ）」を探（さが）した。

0507 月・曜日・行事 曜日・時間

5級

名 朝（あさ），午前（ごぜん）

今日（きょう）の**朝**（あさ）はどの番組（ばんぐみ）を見（み）てもうんこの話題（わだい）ばかりだ。

0508 月・曜日・行事 曜日・時間

4級

名 正午（しょうご）

正午（しょうご）きっかりにうんこを出（だ）してみせましょう。

0509 月・曜日・行事 曜日・時間

5級

名 午後（ごご）

明日（あす）の**午後**（ごご）から都心（としん）ではうんこが降（ふ）るでしょう。

0510 月・曜日・行事 曜日・時間

5級

evening

[íːvniŋ] イーヴニング

▶It's already **evening**, so clean up your unko.

曜日・時間 月・曜日・行事 0511

5級

night

[nait] ナイト

▶This unko starts squealing at **night**.

曜日・時間 月・曜日・行事 0512

5級

after school

[ǽftər skuːl] エァフタァ スクーゥ

▶Let's meet in front of the unko **after school**.

曜日・時間 月・曜日・行事 0513

5級

a.m.

[éiém] エイエム

▶unko that starts gleaming at 4 **a.m.**

曜日・時間 月・曜日・行事 0514

5級

名 **夕方(ゆうがた)，晩(ばん)**

もう夕方(ゆうがた)だし，うんこを片(かた)づけなさい。

0511 月・曜日・行事 曜日・時間

5級

名 **夜(よる)**

このうんこは夜(よる)になるとキイキイ鳴(な)く。

0512 月・曜日・行事 曜日・時間

5級

副 **放課後(ほうかご)に**

放課後(ほうかご)，うんこの前(まえ)で待(ま)ち合(あ)わせね。

0513 月・曜日・行事 曜日・時間

5級

副 **午前(ごぜん)**

午前(ごぜん)4時(じ)になるとうっすら光(ひか)るうんこ

0514 月・曜日・行事 曜日・時間

5級

p.m.

[pí:ém] ピーエム

▶I did unko from 1 **p.m.** to 11 **p.m.**

曜日・時間 月・曜日・行事 0515

5級

time

[taim] タイム

▶So what **time** will you show me your unko?

曜日・時間 月・曜日・行事 0516

5級

hour

[áuər] アウアァ

▶I have to find the unko within the next two **hours.**

曜日・時間 月・曜日・行事 0517

5級

minute

[mínit] ミニッ

▶First, roast the unko on high for 3 to 4 **minutes.**

曜日・時間 月・曜日・行事 0518

5級

副 **午後**（ごご）

午後1時から午後11時までうんこをした。

0515 月・曜日・行事 曜日・時間

5級

名 **時，時間**（とき，じかん）

では何時になったらうんこを見せてくれるんですか？

0516 月・曜日・行事 曜日・時間

5級

名 **時間**（じかん）（時間の単位）

あと2時間以内にうんこを見つけなければ。

0517 月・曜日・行事 曜日・時間

5級

名 **分**（ふん）（時間の単位）

まず，うんこを強火で3，4分あぶります。

0518 月・曜日・行事 曜日・時間

second

[sékənd] **セ**カンド

▶If you ask me, I can do unko in under 5 **seconds.**

曜日・時間 月・曜日・行事 0519

5級

date

[deit] **デ**イト

▶You should write the **date** on unko that you've picked up.

曜日・時間 月・曜日・行事 0520

5級

today

[tədéi] トゥ**デ**イ

▶I didn't say "unko" **today.**

曜日・時間 月・曜日・行事 0521

4級

tonight

[tənáit] トゥ**ナ**イト

▶I shall never forget **tonight**'s unko.

曜日・時間 月・曜日・行事 0522

名 **秒**(時間の単位)

言ってくれれば，5**秒**以内にうんこを出せます。

0519 月・曜日・行事 曜日・時間

5級

名 **日付**

拾ったうんこには**日付**をメモしておくとよい。

0520 月・曜日・行事 曜日・時間

5級

名 副 **今日(は)**

今日はまだ一度も「うんこ」と言っていない。

0521 月・曜日・行事 曜日・時間

4級

名 副 **今夜(は)**

今夜のうんこを，ぼくは一生忘れないだろう。

0522 月・曜日・行事 曜日・時間

4級

tomorrow

[təmɔ́ːrou] トゥモーロウ

▶ Let's make our unko plans for **tomorrow.**

曜日・時間 月・曜日・行事 0523

4級

yesterday

[jéstərdei] イェスタデイ

▶ The unko I borrowed **yesterday** was just what I wanted.

曜日・時間 月・曜日・行事 0524

4級

last

[læst] レァスト

▶ A lot of unko from **last** year was found in the drawer.

曜日・時間 月・曜日・行事 0525

4級

ago

[əgóu] アゴウ

▶ unko from 100,000 years **ago**

曜日・時間 月・曜日・行事 0526

4級

名 副 明日(は)

明日のうんこの予定を立てましょう。

0523 月・曜日・行事 曜日・時間

4級

名 副 昨日(は)

昨日借りたうんこ，とてもいい感じだったよ。

0524 月・曜日・行事 曜日・時間

4級

形 この前の，最後の

引き出しから，去年のうんこがたくさん出てきた。

0525 月・曜日・行事 曜日・時間

4級

副 (今より) ～前に

10万年前のうんこ

0526 月・曜日・行事 曜日・時間

5級

now

[nau] ナウ

▸ I got an e-mail saying, “I just let out some unko **now**.”

曜日・時間 月・曜日・行事 0527

4級

weekend

[wíːkend] ウィーケンド

▸ I'm going to do unko in Hokkaido this **weekend.**

曜日・時間 月・曜日・行事 0528

4級

holiday

[hálədei] ハーリデイ

▸ I should have organized the unko on my **holiday.**

曜日・時間 月・曜日・行事 0529

4級

future

[fjúːtʃər] フューチャ

▸ I wonder what shape unko will take in the **future.**

曜日・時間 月・曜日・行事 0530

5級

副 名 今（いま）

「今（いま）うんこが出（で）た。」とメールが入（はい）った。

0527 月・曜日・行事 曜日・時間

4級

名 週末（しゅうまつ）

今度（こんど）の週末（しゅうまつ）は北海道（ほっかいどう）でうんこをする予定（よてい）だ。

0528 月・曜日・行事 曜日・時間

4級

名 休日（きゅうじつ）

休日（きゅうじつ）のうちにうんこを整理（せいり）しておけばよかった。

0529 月・曜日・行事 曜日・時間

4級

名 未来（みらい）

未来（みらい）のうんこはどんな形（かたち）だろう。

0530 月・曜日・行事 曜日・時間

5級

station

[stéiʃən] ステイション

▶ You dragged the unko all the way here from the **station**?

建物など 町・自然 0531

5級

park

[pɑːrk] パーァク

▶ I saw a man talking to unko at the **park**.

建物など 町・自然 0532

5級

library

[láibreri] ライブレリィ

▶ Now is your chance to do unko at the **library**.

建物など 町・自然 0533

5級

restaurant

[réstərənt] レストラント

▶ I did unko in my pants twice on the way to the **restaurant**.

建物など 町・自然 0534

5級

名 駅（えき）

駅（えき）からここまでうんこを引（ひ）きずって来（き）たのか。

0531 町・自然 建物など

5級

名 公園（こうえん）

公園（こうえん）でうんこに話（はな）しかけているおじさんを見（み）た。

0532 町・自然 建物など

5級

名 図書室（としょしつ），図書館（としょかん）

今（いま）が図書室（としょしつ）でうんこをするチャンスだ。

0533 町・自然 建物など

5級

名 レストラン

レストランへ向（む）かう道（みち）でうんこを２回（かい）もらした。

0534 町・自然 建物など

5級

hospital

[háspitl] ハースピタゥ

▶ It seems there's no "unko department" at this **hospital.**

建物など 町・自然 0535

5級

supermarket

[súːpərmaːrkət] スーパマーッケッ

▶ Let's buy cheap unko at the **supermarket.**

建物など 町・自然 0536

5級

post office

[póust ɔ́ːfis] ポウストーフィス

▶ The unko shop is two buildings from the **post office.**

建物など 町・自然 0537

5級

police station

[pəlíːs stèiʃən] ポリースステイション

▶ I heard a big unko noise from inside the **police station.**

建物など 町・自然 0538

5級

名 病院（びょういん）

この病院（びょういん）には「うんこ科（か）」はないみたいだ。

0535 町・自然 建物など

5級

名 スーパーマーケット

スーパーマーケットで安（やす）いうんこを買（か）おう。

0536 町・自然 建物など

5級

名 郵便局（ゆうびんきょく）

うんこショップは，
郵便局（ゆうびんきょく）の2けんとなりにあります。

0537 町・自然 建物など

5級

名 警察署（けいさつしょ）

警察署（けいさつしょ）の中（なか）からすごいうんこの音（おと）が聞（き）こえた。

0538 町・自然 建物など

5級

hotel

[houtél] ホウテゥ

▶I can only do unko in **hotels.**

建物など 町・自然 0539

5級

amusement park

[əmjú:zmənt pɑ:rk] アミューズメン パーァク

▶This is my first time at an **amusement park** this full of unko.

建物など 町・自然 0540

5級

bookstore

[búkstɔ:r] ブクストーァ

▶This **bookstore** has a great selection of unko-related books.

建物など 町・自然 0541

5級

convenience store

[kənví:njəns stɔ:r] コンヴィーニェンストーァ

▶make copies of unko at the **convenience store**

建物など 町・自然 0542

5級

名 **ホテル**

ぼくは**ホテル**じゃないとうんこができない。

0539 町・自然 建物など

5級

名 **遊園地**（ゆうえんち）

こんなうんこまみれの**遊園地**（ゆうえんち）は初（はじ）めてだ。

0540 町・自然 建物など

5級

名 **本屋**（ほんや）

この**本屋**（ほんや）さんはうんこ関係（かんけい）の本（ほん）がじゅう実（じつ）している。

0541 町・自然 建物など

5級

名 **コンビニ**

コンビニでうんこをコピーする

0542 町・自然 建物など

5級

department store

[dipá:rtmənt stɔ:r] ディパーァトメンストーァ

▶ My grandmother bought unko at the **department store.**

建物など 町・自然 0543

5級

zoo

[zu:] ズー

▶ I'll go see rhino unko at the **zoo** today.

建物など 町・自然 0544

5級

swimming pool

[swímiŋ pu:l] スウィミング プーゥ

▶ a giant piece of unko floating in the **swimming pool**

建物など 町・自然 0545

5級

gym

[dʒim] ヂム

▶ Bring unko and a towel and meet at the **gym.**

建物など 町・自然 0546

5級

名 **デパート**

祖母(そぼ)が**デパート**でうんこを買(か)ってきた。

0543 町・自然 建物など

5級

名 **動物園(どうぶつえん)**

今日(きょう)は**動物園(どうぶつえん)**にサイのうんこでも見(み)に行(い)くか。

0544 町・自然 建物など

5級

名 **プール**

プールにうかんだきょ大(だい)うんこ

0545 町・自然 建物など

5級

名 **体育館(たいいくかん)**

うんことタオルを持(も)って**体育館(たいいくかん)**に集合(しゅうごう)。

0546 町・自然 建物など

gas station

[gǽs stèiʃən] ゲァステイション

▶ The unko made a huge explosion at the **gas station.**

建物など 町・自然 0547

5級

school

[sku:l] スクーゥ

▶ Do not bring non-school-related unko to **school.**

建物など 町・自然 0548

4級

elementary school

[eləméntəri sku:l] エレメンタリィ スクーゥ

▶ There is an "unko room" in my **elementary school.**

建物など 町・自然 0549

4級

junior high school

[dʒú:njər hái sku:l] ヂューニャ ハイ スクーゥ

▶ When I start **junior high school,** I get a room for unko.

建物など 町・自然 0550

名 ガソリンスタンド

ガソリンスタンドでうんこが大(だい)ばく発(はつ)した。

「ガソリンスタンド」では通(つう)じないのじゃ。

0547 町・自然 建物など

5級

名 学校(がっこう)

学校(がっこう)に関係(かんけい)のないうんこは持(も)ってきてはいけません。

0548 町・自然 建物など

4級

名 小学校(しょうがっこう)

ぼくの小学校(しょうがっこう)には「うんこ室(しつ)」がある。

0549 町・自然 建物など

4級

名 中学校(ちゅうがっこう)

中学校(ちゅうがっこう)に入(はい)ったらうんこ用(よう)の部屋(へや)をもらえる。

0550 町・自然 建物など

4級

high school

[hái skuːl] ハイ スクーゥ

▶ My sister is in her **high school**'s unko club.

建物など 町・自然 0551

5級

bank

[bæŋk] ベァンク

▶ I thought I could deposit unko at the **bank**.

建物など 町・自然 0552

5級

shop

[ʃɑp] シャーップ

▶ There are 5 **shops** that sell unko in the neighborhood.

建物など 町・自然 0553

5級

flower shop

[fláuər ʃɑp] フラウアァ シャーップ

▶ I stuck the rose I bought at the **flower shop** in unko.

建物など 町・自然 0554

4級

名 **高校**（こうこう）

姉は高校でうんこ部に入っている。

0551 町・自然 建物など

5級

名 **銀行**（ぎんこう）

うんこは銀行に預けられると思っていた。

0552 町・自然 建物など

5級

名 **店**（みせ）

近所にうんこを売っている店が5けんあります。

0553 町・自然 建物など

5級

名 **花屋**（はなや）

花屋さんで買ったバラをうんこにつきさした。

0554 町・自然 建物など

5級

bakery

[béikəri] ベイカリィ

▶ There is a big piece of unko in front of the **bakery** so I can't go in.

建物など 町・自然 0555

fire station

[fáiər stèiʃən] ファイア ステイション

▶ They're practicing putting out burning unko at the **fire station.**

建物など 町・自然 0556

5級

museum

[mju:zí:əm] ミューズィーアム

▶ My father's unko is on display at the prefectural **museum.**

建物など 町・自然 0557

5級

movie theater

[mú:vi θíətər] ムーヴィ スィアタァ

▶ I want to see unko on the big screen at the **movie theater.**

建物など 町・自然 0558

5級

名 パン屋

大きなうんこがじゃまでパン屋に入れない。

0555 町・自然 建物など

名 消防署

消防署で，うんこについた火を消す練習をしている。

0556 町・自然 建物など

5級

名 博物館，美術館

父のうんこが，県の博物館にかざられています。

0557 町・自然 建物など

5級

名 映画館

映画館の大きなスクリーンでうんこが見たい。

0558 町・自然 建物など

4級

shrine

[ʃrain] シュライン

▶ Unko is worshipped at this **shrine.**

建物など 町・自然 0559

4級

temple

[témpl] テンポゥ

▶ unko on the gate of the **temple**

建物など 町・自然 0560

5級

stadium

[stéidiəm] ステイディアム

▶ Someone is doing unko in the middle of the **stadium.**

建物など 町・自然 0561

4級

aquarium

[əkwéəriəm] アクウェアリアム

▶ see various kinds of fish unko at the **aquarium**

建物など 町・自然 0562

4級

名 神社(じんじゃ)

この神社(じんじゃ)にはうんこがまつられている。

0559 町・自然 建物など

4級

名 寺(てら)

寺(てら)の門(もん)の上(うえ)にあるうんこ

0560 町・自然 建物など

5級

名 競技場(きょうぎじょう), スタジアム

だれかが競技場(きょうぎじょう)のど真(ま)ん中(なか)でうんこをしています。

0561 町・自然 建物など

4級

名 水族館(すいぞくかん)

水族館(すいぞくかん)でさまざまな魚(さかな)のうんこを見(み)る

0562 町・自然 建物など

5級

bus stop

[bʌ́s stɑp] バス スターップ

▶ People with unko, get off at the next **bus stop.**

建物など 町・自然 0563

5級

garden

[gáːrdn] ガーァドゥン

▶ My mother is watering the unko in the **garden.**

建物など 町・自然 0564

5級

farm

[faːrm] ファーァム

▶ One morning, a giant piece of unko appeared on the **farm.**

建物など 町・自然 0565

5級

street

[striːt] ストゥリート

▶ Please line unko up along this **street.**

建物など 町・自然 0566

5級

名 バス停

うんこを持っている方，次のバス停で降りてください。

0563 町・自然 建物など

5級

名 庭園

母が庭でうんこに水をあげている。

0564 町・自然 建物など

5級

名 農場

ある朝，農場にきょ大なうんこが現れた。

0565 町・自然 建物など

5級

名 通り

この通りに沿ってうんこを並べてください。

0566 町・自然 建物など

5級

bridge

[bridʒ] ブリッヂ

▶I dangled unko from the **bridge**.

建物など 町・自然 0567

5級

airport

[éərpɔ:rt] エアァポート

▶A man with unko has been stopped at the entrance of the **airport**.

建物など 町・自然 0568

4級

castle

[kǽsl] ケァソゥ

▶The children are making a **castle** out of unko.

建物など 町・自然 0569

4級

building

[bíldiŋ] ビゥディング

▶I thought it was a **building**, but it was a big piece of unko.

建物など 町・自然 0570

5級

名 **橋**

dを忘れないように気をつけるのじゃ。

橋の上からうんこをぶら下げた。

0567 町・自然 建物など

5級

名 **空港**

うんこを持った男が空港の入り口で止められている。

0568 町・自然 建物など

4級

名 **城**

子どもたちがうんこでお城を作っている。

0569 町・自然 建物など

4級

名 **建物，ビル**

建物だと思ったら大きなうんこだった。

0570 町・自然 建物など

4級

apartment

[əpá:rtmənt] アパーァトメント

▸ live together with unko in an **apartment**

建物など 町・自然 0571

3級

field

[fi:ld] フィーゥド

▸ a man who buried a vast **field** in unko

建物など 町・自然 0572

4級

bench

[bentʃ] ベンチ

▸ The only open **bench** is covered in unko.

建物など 町・自然 0573

5級

city

[síti] スィティ

▸ My unko was honored by the **city**.

建物など 町・自然 0574

4級

名 **アパート**

アパートでうんこといっしょに暮(く)らす

0571 町・自然 建物など

3級

名 **畑(はたけ)，競技場(きょうぎじょう)**

広大(こうだい)な**畑(はたけ)**をうんこでうめつくした男(おとこ)

0572 町・自然 建物など

4級

名 **ベンチ**

うんこまみれの**ベンチ**しか空(あ)いていない。

0573 町・自然 建物など

5級

名 **市(し)，都市(とし)**

ぼくのうんこが**市(し)**から表(ひょう)しょうされた。

0574 町・自然 建物など

5級

town

[taun] タウン

▶ He knows the most about unko in this **town**.

建物など 町・自然 0575

4級

village

[vílidʒ] ヴィレヂ

▶ gather all the unko in the **village** in one spot

建物など 町・自然 0576

4級

place

[pleis] プレイス

▶ What are you thinking, doing unko in a **place** like this?

建物など 町・自然 0577

5級

bus

[bʌs] バス

▶ a **bus** packed full with unko

乗り物 町・自然 0578

5級

名 町（まち）

かれはこの町（まち）で一番（いちばん）うんこにくわしい。

0575 町・自然 建物など

4級

名 村（むら）

村（むら）じゅうのうんこを1か所（しょ）に集（あつ）める

0576 町・自然 建物など

4級

名 場所（ばしょ）

こんな場所（ばしょ）でうんこをするなんて
何（なに）を考（かんが）えてるんだ。

0577 町・自然 建物など

5級

名 バス

うんこがぎゅうぎゅうにつまったバス

0578 町・自然 乗り物

5級

train

[trein] トゥレイン

▶ My father connected a few pieces of unko and said, “**Train.**”

乗り物 町・自然 0579

5級

taxi

[tǽksi] テァクスィ

▶ **Taxis** won’t stop for me if I have unko.

乗り物 町・自然 0580

5級

car

[kaːr] カーァ

▶ That **car** ran over my unko.

乗り物 町・自然 0581

5級

bike

[baik] バイク

▶ tie unko to the basket on your **bike**

乗り物 町・自然 0582

5級

名 電車

父がいくつかのうんこをつなげて「電車」と言った。

0579 町・自然 乗り物

5級

名 タクシー

うんこを持っているとタクシーが止まってくれないな。

0580 町・自然 乗り物

5級

名 車，（電車などの）車両

あの車がぼくのうんこをふみつぶしたんだ。

0581 町・自然 乗り物

5級

名 自転車

自転車のかごにうんこをしばりつける

bicycle
［バイスィコゥ］
とも言うぞい。

0582 町・自然 乗り物

4級

airplane

[éərplein] エアァプレイン

▶ jump from an **airplane** holding unko

乗り物 町・自然 0583

3級

jet

[dʒet] ヂェッ

▶ A piece of unko went flying at **jet** speed.

乗り物 町・自然 0584

3級

truck

[trʌk] トゥラック

▶ a **truck** loaded with a large amount of unko

乗り物 町・自然 0585

motorcycle

[móutərsaikl] モウタサイコゥ

▶ tie a pile of unko to the back of a **motorcycle**

乗り物 町・自然 0586

4級

名 飛行機

うんこをかかえて**飛行機**から飛び降りる

0583 町・自然 乗り物

3級

名 ジェット機

ジェット機のような速さでうんこが
飛んでいった。

0584 町・自然 乗り物

3級

名 トラック

大量のうんこをのせた**トラック**

0585 町・自然 乗り物

名 オートバイ

オートバイのうしろにうんこをくくりつける

0586 町・自然 乗り物

4級

subway

[sʌ́bwei] サブウェイ

▶I changed trains in the **subway** to come see your unko.

乗り物 町・自然 0587

5級

ship

[ʃip] シップ

▶We'd need a **ship** to carry a piece of unko this big.

乗り物 町・自然 0588

5級

boat

[bout] ボウト

▶There's a man doing unko on the **boat**.

乗り物 町・自然 0589

yacht

[jɑt] ヤーット

▶My father stuck a leaf in a piece of unko and said, "**Yacht.**"

乗り物 町・自然 0590

4級

名 地下鉄（ちかてつ）

地下鉄（ちかてつ）を乗（の）りついできみのうんこを見（み）に来（き）たよ。

0587 町・自然 乗り物

5級

名 船（ふね）

こんな大（おお）きなうんこは船（ふね）でしか運（はこ）べない。

0588 町・自然 乗り物

5級

名 ボート, 船（ふね）

ボートの上（うえ）でうんこをしているおじさんがいる。

0589 町・自然 乗り物

名 ヨット

父（ちち）がうんこに葉（は）っぱをつきさして
「ヨット」と言（い）った。

0590 町・自然 乗り物

4級

rocket

[rákit] ラーッケッ

▶ This **rocket** uses unko for fuel.

乗り物 町・自然 0591

3級

wheelchair

[hwíːltʃeər] フウィールチェアァ

▶ an unko-shaped **wheelchair**

乗り物 町・自然 0592

roller coaster

[róulər kòustər] ロウラァ コウスタァ

▶ I did unko in my pants on the **roller coaster.**

乗り物 町・自然 0593

5級

sea

[siː] スィー

▶ a man who does unko while watching the **sea**

自然 町・自然 0594

4級

名 **ロケット**

このロケットの燃料(ねんりょう)はうんこです。

0591 町・自然 乗り物

3級

名 **車(くるま)いす**

うんこの形(かたち)の車(くるま)いす

0592 町・自然 乗り物

名 **ジェットコースター**

ジェットコースターでうんこをもらした。

0593 町・自然 乗り物

5級

名 **海(うみ)**

海(うみ)を見(み)ながらうんこをする男(おとこ)

0594 町・自然 自然

4級

beach

[biːtʃ] ビーチ

▸ Peculiar unko was found on the **beach.**

自然 町・自然 0595

5級

mountain

[máuntin] マウンテン

▸ roll unko down from the peak of the **mountain**

自然 町・自然 0596

5級

river

[rívər] リヴァ

▸ Unko is flowing one after another from the upper **river.**

自然 町・自然 0597

5級

lake

[leik] レイク

▸ a piece of unko just the size of **Lake** Biwa

自然 町・自然 0598

4級

名 **はま辺(べ), ビーチ**

はま辺(べ)できみょうなうんこが見(み)つかった。

eaのつづりに注意(ちゅうい)じゃ。

0595 町・自然 自然

5級

名 **山(やま)**

山(やま)のてっぺんからうんこを転(ころ)げ落(お)とす

0596 町・自然 自然

5級

名 **川(かわ)**

川(かわ)の上流(じょうりゅう)からうんこが次々(つぎつぎ)流(なが)れてくる。

0597 町・自然 自然

5級

名 **湖(みずうみ)**

琵琶湖(びわこ)とちょうど同(おな)じ大(おお)きさのうんこ

0598 町・自然 自然

4級

forest

[fɔ́:rist] フォーレスト

▶ Anyone who enters this **forest** will do unko in their pants.

自然 町・自然 0599

5級

sky

[skai] スカイ

▶ When I looked up, there was unko floating in the **sky**.

自然 町・自然 0600

5級

sun

[sʌn] サン

▶ Sometimes you have to give unko some **sun**.

自然 町・自然 0601

5級

moon

[mu:n] ムーン

▶ If you throw unko toward the **moon**, you will become happy.

自然 町・自然 0602

4級

名 森（もり）

この森（もり）に入（はい）った者（もの）は全員（ぜんいん）うんこをもらすだろう。

0599 町・自然 自然

5級

名 空（そら）

ふと空（そら）を見上（みあ）げると，うんこがうかんでいた。

0600 町・自然 自然

5級

名 太陽（たいよう）

たまにはうんこも
太陽（たいよう）に当（あ）ててあげないと。

sunnyで「晴（は）れ」
という意味（いみ）じゃ。

0601 町・自然 自然

5級

名 （天体（てんたい）の）月（つき）

月（つき）に向（む）かってうんこを投（な）げると幸（しあわ）せになれる。

0602 町・自然 自然

4級

cloud

[klaud] クラウド

▸ Pieces of unko are pouring down, breaking through the **clouds.**

自然 町・自然 0603

4級

wind

[wind] ウィンド

▸ My unko got blown away by a gust of **wind.**

自然 町・自然 0604

5級

tree

[triː] トゥリー

▸ whack unko hanging from a **tree** with a bat

自然 町・自然 0605

5級

flower

[fláuər] フラウアァ

▸ It looks like a **flower,** but it's actually unko.

自然 町・自然 0606

4級

名 雲（くも）

雲（くも）をつき破（やぶ）ってうんこが降（ふ）りそそぐ。

0603 町・自然 自然

4級

名 風（かぜ）

ぼくのうんこが強風（きょうふう）で飛（と）ばされた。

0604 町・自然 自然

5級

名 木（き）

木（き）につるしたうんこをバットでひっぱたく

0605 町・自然 自然

5級

名 花（はな）

花（はな）に見（み）えるけど実（じつ）はうんこなんです。

0606 町・自然 自然

4級

plant

[plænt] プレァント

▶ A peculiar **plant** sprouted from my father's unko.

自然 町・自然 0607

4級

stone

[stoun] ストウン

▶ use a **stone** to crush unko

自然 町・自然 0608

4級

rock

[rɑk] ラーック

▶ pull out unko stuck between two **rocks**

自然 町・自然 0609

4級

rainbow

[réinbou] レインボウ

▶ unko with seven colors like a **rainbow**

自然 町・自然 0610

4級

名 植物（しょくぶつ） 動 植える（うえる）

父のうんこから，きみょうな植物が生えてきた。

0607 町・自然 自然

4級

名 石（いし）

石を使ってうんこをすりつぶす

0608 町・自然 自然

4級

名 岩（いわ）

岩と岩の間にはさまったうんこを引きぬく

0609 町・自然 自然

名 にじ

にじのように七色のうんこ

0610 町・自然 自然

3級

pond

[pɑnd] パーンド

▸ I hooked a weight to unko and sank it in the **pond.**

自然 町・自然 0611

3級

desert

[dézərt] デザァト

▸ It's impossible to find unko in this **desert.**

自然 町・自然 0612

3級

island

[áilənd] アイランド

▸ This is not an **island** but unko.

自然 町・自然 0613

4級

hill

[hil] ヒゥ

▸ place unko on the **hill** and shoot it with an air gun

自然 町・自然 0614

名 **池（いけ）**

うんこにおもりをつけて池（いけ）にしずめた。

0611 町・自然 自然

3級

名 **砂（さ）ばく**

最初（さいしょ）を強（つよ）く読（よ）むのじゃ。

この砂（さ）ばくからうんこを探（さが）せなんて無理（むり）だ。

0612 町・自然 自然

3級

名 **島（しま）**

sは発音（はつおん）しないのじゃ。

これは島（しま）じゃない。うんこだったんだ。

0613 町・自然 自然

4級

名 **おか**

おかの上（うえ）にうんこを置（お）いて，エアガンでうつ

0614 町・自然 自然

3級

nest

[nest] ネスト

▶ This animal often takes unko back to its **nest** with it.

自然 町・自然 0615

3級

space

[speis] スペイス

▶ A piece of unko wandering in **space** was discovered.

自然 町・自然 0616

3級

earth

[əːrθ] アース

▶ a piece of unko larger than the **earth**

自然 町・自然 0617

4級

life

[laif] ライフ

▶ It seems that this unko has been blessed with **life**.

自然 町・自然 0618

3級

名 (鳥や動物などの) **巣**

この動物はうんこを**巣**に持ち帰る習性がある。

0615 町・自然 自然

3級

名 **宇宙**

宇宙をただようううんこが発見された。

0616 町・自然 自然

3級

名 **地球**

地球よりも大きいうんこ

0617 町・自然 自然

4級

名 **生命, 生活**

このうんこは**生命**を宿しているようだ。

0618 町・自然 自然

3級

nature

[néitʃər] ネイチァ

▸ Let's talk about unko while surrounded by **nature.**

自然 町・自然 0619

5級

sunny

[sʌ́ni] サニィ

▸ The title of this picture is "Unko on **Sunny** Days."

天気 町・自然 0620

5級

cloudy

[kláudi] クラウディ

▸ It's getting **cloudy,** so let's bring in the unko.

天気 町・自然 0621

5級

rainy

[réini] レイニィ

▸ I make it a rule not to do unko on **rainy** days.

天気 町・自然 0622

3級

名 **自然**

自然の中でうんこの話をしよう。

0619 町・自然 自然

5級

形 **明るく日がさす，晴れた**

この絵の題名は「晴れた日々のうんこ」です。

0620 町・自然 天気

5級

形 **くもった**

くもってきたので，うんこを室内に入れよう。

0621 町・自然 天気

5級

形 **雨降りの**

雨の日はうんこをしないと決めているんです。

0622 町・自然 天気

5級

snowy

[snóui] スノウイ

▶ It was **snowy**, so the unko in the lawn is pure white.

天気 町・自然 0623

5級

rain

[rein] レイン

▶ The unko is being hit by heavy **rain.**

天気 町・自然 0624

5級

snow

[snou] スノウ

▶ unko as white as **snow**

天気 町・自然 0625

5級

hot

[hat] ハーッ

▶ On **hot** nights, I apply frozen unko to my forehead.

天気 町・自然 0626

5級

形 雪の降る

雪だったので，庭のうんこが真っ白だ。

0623 町・自然 天気

5級

名 雨　動 雨が降る

うんこが激しい雨に打たれている。

0624 町・自然 天気

5級

名 雪

雪のように真っ白なうんこ

0625 町・自然 天気

5級

形 暑い，熱い，からい

暑い夜はこおらせたうんこをおでこにのせる。

0626 町・自然 天気

5級

cold

[kould] コウゥド

▶ Why is your unko so **cold**?

天気 町・自然 0627

5級

warm

[wɔːrm] ウォーム

▶ The unko is still **warm.** He must be nearby.

天気 町・自然 0628

4級

windy

[wíndi] ウィンディ

▶ On **windy** days, unko sometimes comes flying.

天気 町・自然 0629

5級

weather

[wéðər] ウェザァ

▶ This unko changes its size according to the **weather**.

天気 町・自然 0630

5級

形 寒い，冷たい 名（病気の）かぜ

どうしてきみのうんこはこんなに冷たいんだ。

0627 町・自然 天気

5級

形 暖かい，温かい

まだうんこが温かい。かれは近くにいるはずだ。

0628 町・自然 天気

4級

形 風が強い

風が強い日は，たまにうんこが飛んでくる。

0629 町・自然 天気

5級

名 天気

このうんこは天気で大きさが変わる。

0630 町・自然 天気

5級

Japan

[dʒəpǽn] ヂャペァン

▶ Congratulations. You have the number one unko in **Japan.**

国・地域 国・地域 0631

5級

America

[əmérikə] アメリカ

▶ An incredible piece of unko has arrived from **America.**

国・地域 国・地域 0632

5級

American

[əmérikən] アメリカン

▶ It seems that there is an **American** person who does blue unko.

国・地域 国・地域 0633

5級

Canada

[kǽnədə] ケァナダ

▶ unko found deep in the mountains of **Canada**

国・地域 国・地域 0634

5級

名 日本（にほん）

おめでとう。きみのうんこが日本一（にほんいち）だ。

0631 国・地域 国・地域

5級

名 アメリカ

アメリカからとんでもないうんこがやって来（き）た。

0632 国・地域 国・地域

5級

形 アメリカ（人（じん））の 名 アメリカ人（じん）

青（あお）いうんこをするアメリカ人（じん）がいるそうだ。

0633 国・地域 国・地域

5級

名 カナダ

カナダの山（やま）おくで見（み）つけたうんこ

0634 国・地域 国・地域

5級

Australia

[ɔːstréiljə] オーストレイリャ

▶OK, I'll go to **Australia** and do unko!

国・地域 国・地域 0635

5級

China

[tʃáinə] チャイナ

▶The oldest unko in the world is in **China.**

国・地域 国・地域 0636

Chinese

[tʃainíːz] チャイニーズ

▶A **Chinese** person invented a completely new type of unko.

国・地域 国・地域 0637

5級

Korea

[kəríːə] コリーア

▶go on a day trip to do unko in **Korea**

国・地域 国・地域 0638

5級

名 **オーストラリア**

さて,**オーストラリア**へ行ってうんこでもするか。

0635 国・地域 国・地域

5級

名 **中国**

世界最古のうんこは**中国**にある。

0636 国・地域 国・地域

形 **中国(人)の** 名 **中国語**

中国人が全く新しいうんこを発明した。

0637 国・地域 国・地域

5級

名 **韓国**

韓国に日帰りでうんこをしに行く

国名は
いつも大文字で
始めるぞい。

0638 国・地域 国・地域

Thailand

[táilænd] タイレァンド

▶ My father headed to **Thailand** with one piece of unko.

国・地域 国・地域 0639

Vietnam

[vi:etná:m] ヴィーエトナーム

▶ unko I found in the jungles of **Vietnam**

国・地域 国・地域 0640

4級

Singapore

[síŋgəpɔ:r] スィンガポーァ

▶ The next unko contest will be held in **Singapore.**

国・地域 国・地域 0641

4級

India

[índiə] インディア

▶ If you do unko in **India**, your life perspective will change.

国・地域 国・地域 0642

名 **タイ**

父はうんこ1個だけ持って**タイ**に向かった。

0639 国・地域 国・地域

名 **ベトナム**

ベトナムのジャングルで見つけたうんこ

0640 国・地域 国・地域

4級

名 **シンガポール**

次のうんこ大会は**シンガポール**で開さいされる。

0641 国・地域 国・地域

4級

名 **インド**

インドでうんこをすると人生観が変わるよ。

「インド」
じゃなくて
「インディア」
じゃよ。

0642 国・地域 国・地域

4級

the U.K.

[ðə júːkéi] ザ ユーケイ

▶ This is an unko-cutting machine developed in **the U.K.**

国・地域 国・地域 0643

4級

Russia

[rʌ́ʃə] ラシァ

▶ I'm only interested in unko from **Russia.**

国・地域 国・地域 0644

4級

France

[fræns] フレァンス

▶ I found some marvelous unko in **France,** so I'll send it over.

国・地域 国・地域 0645

French

[frentʃ] フレンチ

▶ I like the **French** movie, "La Unko."

国・地域 国・地域 0646

4級

名 **イギリス**

これが**イギリス**で開発(かいはつ)されたうんこ切(ぎ)りマシンです。

0643 国・地域 国・地域

4級

名 **ロシア**

ロシアのうんこ以外(いがい)には興味(きょうみ)はないんだ。

0644 国・地域 国・地域

4級

名 **フランス**

フランスですてきなうんこを見(み)つけたので送(おく)ります。

0645 国・地域 国・地域

形 **フランス(人(じん))の** 名 **フランス語(ご)**

「ラ・うんこ」という**フランス**映画(えいが)が好(す)きだ。

0646 国・地域 国・地域

4級

Germany

[dʒə́ːrməni] ヂャ～マニィ

▶I participated in an unko festival in **Germany**.

国・地域 国・地域 0647

German

[dʒə́ːrmən] ヂャ～マン

▶Let's compare Japanese unko and **German** unko.

国・地域 国・地域 0648

4級

Spain

[spein] スペイン

▶unko I bought at a festival in **Spain**

国・地域 国・地域 0649

4級

Italy

[ítəli] イタリィ

▶Today my unko is shaped like **Italy**.

国・地域 国・地域 0650

4級

名 **ドイツ**

ドイツのうんこフェスティバルに参加した。

0647 国・地域 国・地域

形 **ドイツ(人)の** 名 **ドイツ語**

日本のうんことドイツのうんこを比べてみよう。

0648 国・地域 国・地域

4級

名 **スペイン**

スペインのお祭りで買ったうんこ

0649 国・地域 国・地域

4級

名 **イタリア**

今日のうんこはイタリアみたいな形をしている。

「イタリア」じゃなくて「イタリー」じゃよ。

0650 国・地域 国・地域

国・地域 | COUNTRIES / REGIONS

Italian

[itǽliən] イテァリアン

▸ An **Italian** person in a suit is doing unko in the street.

国・地域 国・地域 0651

4級

Egypt

[íːdʒipt] イーヂプト

▸ A piece of unko with a fang was discovered in **Egypt**.

国・地域 国・地域 0652

Kenya

[kénjə] ケニャ

▸ I did unko in my pants 7 times during my trip to **Kenya**.

国・地域 国・地域 0653

4級

Brazil

[brəzíl] ブラズィル

▸ connect a line of pieces of unko from Japan to **Brazil**

国・地域 国・地域 0654

形 イタリア(人)の　名 イタリア語

スーツ姿のイタリア人が道でうんこをしています。

0651 国・地域 国・地域

4級

名 エジプト

エジプトで，キバのあるうんこが発見された。

0652 国・地域 国・地域

名 ケニア

ケニア旅行でうんこを7回もらした。

0653 国・地域 国・地域

4級

名 ブラジル

日本からブラジルまでうんこをつなげる

0654 国・地域 国・地域

Peru

[pərúː] ペルー

▶unko discovered in ruins in **Peru**

国・地域 国・地域 0655

4級

Asia

[éiʒə] エイジァ

▶I was terrified when I saw the largest piece of unko in **Asia.**

国・地域 国・地域 0656

4級

Europe

[júərəp] ユアロプ

▶go to **Europe** to observe unko

国・地域 国・地域 0657

4級

Africa

[ǽfrikə] エァフリカ

▶I can't get the unko I saw in **Africa** out of my mind.

国・地域 国・地域 0658

名 **ペルー**

ペルーの遺(い)せきで見(み)つけたうんこ

0655 国・地域 国・地域

4級

名 **アジア**

アジア最大(さいだい)のうんこを見(み)て，こしをぬかした。

0656 国・地域 国・地域

4級

名 **ヨーロッパ**

ヨーロッパにうんこの視察(しさつ)に行(い)く

0657 国・地域 国・地域

4級

名 **アフリカ**

アフリカで見(み)たうんこが頭(あたま)からはなれない。

0658 国・地域 国・地域

5級

world

[wə́ːrld] ワ～ゥド

▶ There is still undiscovered unko in the **world**.

国・地域 国・地域 0659

5級

country

[kʌ́ntri] カントリィ

▶ a picture book with unko from other **countries**

国・地域 国・地域 0660

5級

nice

[nais] ナイス

▶ That young man did some **nice** unko.

ようすを表すことば 形容詞など 0661

5級

bad

[bæd] ベァド

▶ The weather is **bad** today, so I'll do unko.

ようすを表すことば 形容詞など 0662

5級

名 **世界**（せかい）

世界（せかい）にはまだまだ未知（みち）のうんこがあるんだ。

0659 国・地域 国・地域

5級

名 **国**（くに）

ouのつづりに注意（ちゅうい）じゃ。

さまざまな国（くに）のうんこがのった図鑑（ずかん）

0660 国・地域 国・地域

5級

形 **よい，すてきな**

なかなかよいうんこをする青年（せいねん）だったね。

0661 形容詞など ようすを表すことば

5級

形 **悪い**（わるい）

今日（きょう）は天気（てんき）が悪（わる）いので，うんこでもするか。

0662 形容詞など ようすを表すことば

形容詞など

DESCRIBING WORDS

5級

beautiful

[bjúːtəfl] ビューティフォゥ

▶ The way she does unko is so **beautiful**!

ようすを表すことば 形容詞など 0663

5級

big

[big] ビッグ

▶ a piece of unko **bigger** than the moon

ようすを表すことば 形容詞など 0664

5級

small

[smɔːl] スモーゥ

▶ hang a **small** piece of unko from your earlobe

ようすを表すことば 形容詞など 0665

5級

new

[njuː] ニュー

▶ I was taught a completely **new** use for unko.

ようすを表すことば 形容詞など 0666

5級

形 美しい（うつくしい）

なんて美しい動きでうんこをする人だ。

0663 形容詞など ようすを表すことば

5級

形 大きい（おおきい）

月よりも大きいうんこ

0664 形容詞など ようすを表すことば

5級

形 小さい（ちいさい）

耳たぶに小さいうんこをぶら下げる

0665 形容詞など ようすを表すことば

5級

形 新しい（あたらしい）

うんこの全く新しい使い方を教えてもらった。

0666 形容詞など ようすを表すことば

5級

old

[ould] オウッド

▶Unko was packed in the **old** treasure box.

ようすを表すことば 形容詞など 0667

4級

high

[hai] ハイ

▶How did they get unko up to such a **high** place?

ようすを表すことば 形容詞など 0668

4級

low

[lou] ロウ

▶Please store this unko at a **low** temperature.

ようすを表すことば 形容詞など 0669

5級

long

[lɔːŋ] ローング

▶do unko on top of a **long** pole in the schoolyard

ようすを表すことば 形容詞など 0670

5級

形 古い，年をとった

古い宝箱の中には，うんこがつまっていた。

0667 形容詞など ようすを表すことば

4級

形 高い

あんな高い場所にどうやってうんこを
置いたんだ。

0668 形容詞など ようすを表すことば

4級

形 低い

このうんこは低い温度で保存してください。

0669 形容詞など ようすを表すことば

5級

形 長い 副 長く

校庭につき立てた長い棒の上でうんこをする

0670 形容詞など ようすを表すことば

5級

short

[ʃɔːrt] ショート

▶"Unko" is a **short** word to say the same thing.

ようすを表すことば 形容詞など 0671

5級

fast

[fæst] フェアスト

▶I can run **faster** when I have unko.

ようすを表すことば 形容詞など 0672

5級

slow

[slou] スロウ

▶The speed a piece of unko rolls at is a little **slow.**

ようすを表すことば 形容詞など 0673

4級

early

[ə́ːrli] ア～リィ

▶If you wake up **early**, you can take time to do unko.

ようすを表すことば 形容詞など 0674

5級

形 短(みじか)い，(背(せ)が)低(ひく)い

それを短(みじか)い言葉(ことば)で言(い)ったものが「うんこ」だよ。

0671 形容詞など ようすを表すことば

5級

形 速(はや)い 副 速(はや)く

うんこを持(も)っているほうが速(はや)く走(はし)れるんです。

0672 形容詞など ようすを表すことば

5級

形 (スピードが)おそい

うんこが転(ころ)がるスピードがちょっとおそいね。

0673 形容詞など ようすを表すことば

4級

副 早(はや)く 形 早(はや)い

朝早(あさはや)く起(お)きれば，そのぶんうんこの時間(じかん)がとれる。

0674 形容詞など ようすを表すことば

4級

late

[leit] レイト

▸It's too **late.** I already did unko in my pants.

ようすを表すことば 形容詞など 0675

5級

open

[óupən] オウプン

▸I can't do unko with my eyes **open.**

ようすを表すことば 形容詞など 0676

5級

closed

[klouzd] クロウズド

▸I did unko without realizing the lid was **closed.**

ようすを表すことば 形容詞など 0677

5級

easy

[í:zi] イーズィ

▸For him, crushing unko was a very **easy** task.

ようすを表すことば 形容詞など 0678

4級

形 おそい　副 おそく，おくれて

もうおそい。うんこはもれてしまった。

0675 形容詞など　ようすを表すことば

5級

形 開(あ)いている　動 開(ひら)く

ぼくは目(め)を開(あ)けたままうんこができないんだ。

0676 形容詞など　ようすを表すことば

5級

形 閉(し)まっている

ふたが閉(し)まっているのに気(き)づかずうんこしてしまった。

0677 形容詞など　ようすを表すことば

5級

形 簡単(かんたん)な

かれにとって，うんこをにぎりつぶすことは簡単(かんたん)なことだった。

0678 形容詞など　ようすを表すことば

4級

difficult

[dífikəlt] ディフィカウト

▶It's a little **difficult** to do unko with this posture.

ようすを表すことば 形容詞など 0679

4級

heavy

[hévi] ヘヴィ

▶You carried such a **heavy** piece of unko here by yourself?

ようすを表すことば 形容詞など 0680

4級

light

[lait] ライト

▶put a **light** blanket over the unko

ようすを表すことば 形容詞など 0681

4級

strong

[strɔːŋ] ストローング

▶OK now, he is very **strong** now that he's got unko.

ようすを表すことば 形容詞など 0682

4級

形 **難しい**

この姿勢でうんこをするのはちょっと難しいです。

0679 形容詞など ようすを表すことば

4級

形 **重い**

こんな重いうんこを1人で運んで来たんですか？

0680 形容詞など ようすを表すことば

4級

形 **軽い，明るい** 名 **照明，光**

うんこに軽い毛布をかける

0681 形容詞など ようすを表すことば

4級

形 **強い**

さあ，うんこを持ったかれは強いぞ。

0682 形容詞など ようすを表すことば

3級

weak

[wi:k] ウィーク

▶send a **weak** electric pulse through the unko

ようすを表すことば 形容詞など 0683

4級

same

[seim] セイム

▶I couldn't do the **same** unko again even if you asked.

ようすを表すことば 形容詞など 0684

4級

different

[dífərənt] ディファレント

▶Each piece of unko has a **different** name.

ようすを表すことば 形容詞など 0685

4級

rich

[ritʃ] リッチ

▶A super **rich** person bought up all of the unko.

ようすを表すことば 形容詞など 0686

3級

形 **弱(よわ)い**

うんこに**弱(よわ)い**電気(でんき)を流(なが)す

0683 形容詞など ようすを表すことば

4級

形 **同(おな)じ**

もう一度(いちど)**同(おな)じ**うんこをしてと言(い)われても困(こま)るよ。

0684 形容詞など ようすを表すことば

4級

形 **異(こと)なった，ちがう**

すべてのうんこに**異(こと)なる**名前(なまえ)がついています。

0685 形容詞など ようすを表すことば

4級

形 **金持(かねも)ちの，豊(ゆた)かな**

大(おお)**金持(がねも)ち**がうんこを全部(ぜんぶ)買(か)いしめてしまった。

0686 形容詞など ようすを表すことば

3級

poor

[puər] プアァ

▶I was **poor** when I was a child, but I made a fortune with just my unko.

ようすを表すことば 形容詞など 0687

5級

tall

[tɔːl] トーゥ

▶Have your unko and line up from **tall** to short.

ようすを表すことば 形容詞など 0688

5級

large

[lɑːrdʒ] ラーァヂ

▶line up pieces of unko on a **large** blue sheet

ようすを表すことば 形容詞など 0689

4級

best

[best] ベスト

▶I just did the **best** unko this year, so I feel great.

ようすを表すことば 形容詞など 0690

3級

形 貧しい，かわいそうな

子どものころは貧しかったが，うんこ1つで大金をかせいだ。

0687 形容詞など ようすを表すことば

5級

形 背が高い

背の高い人から順にうんこを持って整列。

0688 形容詞など ようすを表すことば

5級

形 広い，大きい

大きな青いシートの上にうんこを並べる

0689 形容詞など ようすを表すことば

4級

形 いちばんよい

今年最高のうんこができて，気分がいい。

0690 形容詞など ようすを表すことば

5級

well

[wel] ウェゥ

▶ He rolled the unko over his forehead **well**.

ようすを表すことば 形容詞など 0691

5級

ready

[rédi] レディ

▶ I'm **ready** to do unko anytime.

ようすを表すことば 形容詞など 0692

5級

young

[jʌŋ] ヤング

▶ Unko is popular among **young** women recently.

ようすを表すことば 形容詞など 0693

4級

dark

[dɑːrk] ダーァク

▶ This unko glows pink in **dark** places.

ようすを表すことば 形容詞など 0694

5級

副 上手に

かれはうんこを上手におでこの上で転がした。

0691 形容詞など ようすを表すことば

5級

形 準備完りょうして

ぼくはいつでもうんこできますよ。

0692 形容詞など ようすを表すことば

5級

形 若い

若い女性たちの間でうんこがはやっている。

0693 形容詞など ようすを表すことば

4級

形 暗い

このうんこは暗いところでピンク色に光る。

0694 形容詞など ようすを表すことば

5級

lucky

[lʌ́ki] ラキィ

▶ **Lucky** for me, I found the lost unko.

ようすを表すことば 形容詞など 0695

5級

exciting

[iksáitiŋ] イクサイティング

▶ Seeing your unko is **exciting** for me.

ようすを表すことば 形容詞など 0696

4級

fun

[fʌn] ファン

▶ I wonder if there's anything **fun** other than unko.

ようすを表すことば 形容詞など 0697

5級

interesting

[íntəristiŋ] インタレスティング

▶ It's an **interesting** idea to use unko for that.

ようすを表すことば 形容詞など 0698

5級

形 **幸運な**

幸運なことに，なくしたうんこが見つかった。

0695 形容詞など ようすを表すことば

5級

形 **わくわくさせるような**

きみのうんこを見てると**わくわくさせられる**よ。

0696 形容詞など ようすを表すことば

4級

名 **おもしろいこと**

何かうんこ以外で**おもしろいこと**ないかなあ。

0697 形容詞など ようすを表すことば

5級

形 **おもしろい，興味深い**

そこにうんこを使うとは**おもしろい**アイデアだ。

0698 形容詞など ようすを表すことば

4級

famous

[féiməs] フェイマス

▶ a shop where **famous** celebrities come to do unko

ようすを表すことば 形容詞など 0699

5級

popular

[pápjulər] パーピュラァ

▶ the most **popular** unko in the world

ようすを表すことば 形容詞など 0700

3級

fresh

[freʃ] フレッシ

▶ Make sure the unko gets some **fresh** air.

ようすを表すことば 形容詞など 0701

4級

wonderful

[wʌ́ndərfl] ワンダフォゥ

▶ Thanks to unko, I met some **wonderful** people.

ようすを表すことば 形容詞など 0702

4級

形 有名(ゆうめい)な

有名(ゆうめい)な芸能人(げいのうじん)がうんこをしにやって来(く)る店(みせ)

0699 形容詞など ようすを表すことば

5級

形 人気(にんき)のある

世界(せかい)で一番(いちばん)人気(にんき)のうんこ

0700 形容詞など ようすを表すことば

3級

形 新(しん)せんな

うんこに新(しん)せんな空気(くうき)を当(あ)ててあげよう。

0701 形容詞など ようすを表すことば

4級

形 すばらしい

うんこのおかげで，すばらしい人(ひと)たちに出会(であ)えた。

0702 形容詞など ようすを表すことば

3級

colorful

[kʌ́lərfəl] カラフォゥ

▶ a man selling **colorful** unko on the side of the road

ようすを表すことば 形容詞など 0703

4級

dry

[drai] ドライ

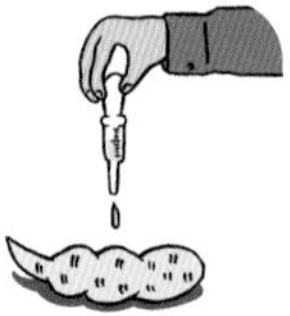

▶ drip water over **dry** unko with a dropper

ようすを表すことば 形容詞など 0704

3級

wet

[wet] ウェッ

▶ Let's cover the unko with a **wet** piece of gauze.

ようすを表すことば 形容詞など 0705

3級

traditional

[trədíʃənəl] トゥラディショナゥ

▶ a **traditional** unko dance of Hokkaido

ようすを表すことば 形容詞など 0706

3級

形 カラフルな，色とりどりの

道ばたでカラフルなうんこを売っているおじさん

0703 形容詞など ようすを表すことば

4級

形 かわいた

かわいたうんこにスポイトで水を垂らす

0704 形容詞など ようすを表すことば

3級

形 しめった

うんこにしめったガーゼをかけておこう。

0705 形容詞など ようすを表すことば

3級

形 伝統的な

北海道の伝統的なうんこおどり

0706 形容詞など ようすを表すことば

3級

lovely

[lʌ́vli] ラヴリィ

▸I wrapped a **lovely** scarf around the unko.

ようすを表すことば 形容詞など 0707

3級

special

[spéʃəl] スペシャゥ

▸Participants will be awarded with a **special** piece of unko.

ようすを表すことば 形容詞など 0708

4級

quick

[kwik] クウィック

▸John is only **quick** when he does unko.

ようすを表すことば 形容詞など 0709

3級

international

[intərnǽʃənəl] インタネァショナゥ

▸do unko in my pants in an **international** match

ようすを表すことば 形容詞など 0710

3級

形 かわいらしい，すばらしい

うんこに**すてきな**マフラーをまいてあげた。

0707 形容詞など ようすを表すことば

3級

形 特別の

参加してくれた人には，**特別な**うんこをプレゼント。

0708 形容詞など ようすを表すことば

4級

形 すばやい

ジョンはうんこをするときだけ**すばやく**なる。

0709 形容詞など ようすを表すことば

3級

形 国際的な

国際試合でうんこをもらす

0710 形容詞など ようすを表すことば

4級

free

[friː] フリー

▶ You are **free** to do unko with any posture.

ようすを表すことば 形容詞など 0711

3級

useful

[júːsfəl] ユースフォゥ

▶ This unko will certainly be **useful** for you some day.

ようすを表すことば 形容詞など 0712

4級

important

[impɔ́ːrtənt] インポートゥント

▶ The country is hiding an **important** secret about unko.

ようすを表すことば 形容詞など 0713

4級

far

[fɑːr] ファーァ

▶ Who told you to shoot the unko so **far**?

ようすを表すことば 形容詞など 0714

4級

形 自由な，ひまな，無料の

どんな姿勢でうんこをしても自由だ。

0711 形容詞など ようすを表すことば

3級

形 役に立つ

このうんこはいつかきっときみの役に立つ。

0712 形容詞など ようすを表すことば

4級

形 重要な

国は，うんこの重要な秘密をかくしている。

0713 形容詞など ようすを表すことば

4級

副 遠くへ 形 遠い

だれがあんな遠いところまでうんこを
飛ばせと言った。

0714 形容詞など ようすを表すことば

4級

wrong

[rɔːŋ] ローング

▶If you give the **wrong** answer, unko falls from above.

ようすを表すことば 形容詞など 0715

3級

foreign

[fɔ́ːrin] フォーリン

▶a **foreign** toy powered by unko

ようすを表すことば 形容詞など 0716

4級

quiet

[kwáiət] クワイエト

▶do unko in a **quiet** cave

ようすを表すことば 形容詞など 0717

4級

safe

[seif] セイフ

▶I'd like to do unko somewhere **safe.**

ようすを表すことば 形容詞など 0718

4級

形 正しく(ただ)ない，まちがった

答(こた)えをまちがえると上(うえ)からうんこが落(お)ちてきます。

0715 形容詞など ようすを表すことば

3級

形 外国(がいこく)の

うんこで動(うご)く外国(がいこく)のおもちゃ

0716 形容詞など ようすを表すことば

4級

形 静(しず)かな

静(しず)かなどうくつの中(なか)でうんこをする

0717 形容詞など ようすを表すことば

4級

形 安全(あんぜん)な

もっと安全(あんぜん)な場所(ばしょ)でうんこがしたいです。

0718 形容詞など ようすを表すことば

5級

favorite

[féivərit] フェイヴァリッ

▶Please listen to my **favorite** song, "Unko Night."

ようすを表すことば 形容詞など 0719

4級

own

[oun] オウン

▶Everyone, did you bring your **own** unko?

ようすを表すことば 形容詞など 0720

4級

carefully

[kéərfəli] ケアフリィ

▶If you look **carefully**, you can see unko on the screen.

ようすを表すことば 形容詞など 0721

4級

quickly

[kwíkli] クウィクリィ

▶Michael **quickly** dodged the flying unko.

ようすを表すことば 形容詞など 0722

5級

形 **お気に入りの，大好きな**

ぼくの**大好きな**歌「うんこの夜」を聞いてください。

0719 形容詞など ようすを表すことば

4級

形 **自分自身の**

みなさん，**自分の**うんこを持ってきましたか？

0720 形容詞など ようすを表すことば

4級

副 **注意深く**

注意深く見ると，確かにうんこが映っている。

0721 形容詞など ようすを表すことば

4級

副 **すばやく**

マイケルは飛んできたうんこを**すばやく**よけた。

0722 形容詞など ようすを表すことば

4級

slowly

[slóuli] スロウリィ

▶ The police officer **slowly** approached the unko.

ようすを表すことば 形容詞など 0723

5級

many

[méni] メニ

▶ I wonder how **many** pieces of unko I've flushed so far.

数・量・程度など 形容詞など 0724

5級

a lot of

[ə lát əv] アラーッタヴ

▶ **A lot of** students brought their unko.

数・量・程度など 形容詞など 0725

5級

very

[véri] ヴェリ

▶ This is a **very** nice planet, but it doesn't have enough unko.

数・量・程度など 形容詞など 0726

4級

副 **ゆっくりと**

警察官(けいさつかん)がうんこに**ゆっくりと**近(ちか)づいていく。

0723 形容詞など ようすを表すことば

5級

形 **たくさんの**

これまでどれだけ**多(おお)くの**うんこを流(なが)してきただろう。

0724 形容詞など 数・量・程度など

5級

形 **たくさんの**

たくさんの児童(じどう)がうんこを持(も)ち寄(よ)ってくれました。

0725 形容詞など 数・量・程度など

5級

副 **とても**

ここは**とても**いい星(ほし)だ。でもうんこが足(た)りない。

0726 形容詞など 数・量・程度など

5級

really

[rí:əli] リーアリィ

▶ Is this unko? **Really**?

数・量・程度など 形容詞など 0727

5級

only

[óunli] オウンリィ

▶ the **only** teacher who gave me unko

数・量・程度など 形容詞など 0728

4級

half

[hæf] ヘァフ

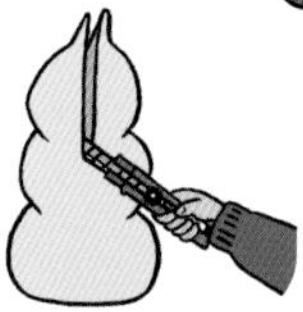

▶ cut a piece of unko
in **half** with a cutter

数・量・程度など 形容詞など 0729

4級

always

[ɔ́:lweiz] オーゥウェイズ

▶ He **always** drags unko behind him when he walks.

数・量・程度など 形容詞など 0730

5級

副 本当に

これはうんこですか？ **本当に**？

0727 形容詞など 数・量・程度など

5級

副 ただ～だけ 形 ゆい一の

ぼくにうんこをくれた，**たった一人の**先生

0728 形容詞など 数・量・程度など

4級

名 半分 形 半分の

カッターでうんこを**半分**に切る

0729 形容詞など 数・量・程度など

4級

副 いつも

かれは**いつも**うんこを引きずって歩いている。

0730 形容詞など 数・量・程度など

4級

usually

[jú:ʒuəli] ユージュアリィ

▶ My father **usually** comes home around noon to do unko.

数・量・程度など 形容詞など 0731

4級

often

[ɔ́:fən] オーフン

▶ My grandfather **often** yells "Unko!" at midnight.

数・量・程度など 形容詞など 0732

4級

sometimes

[sʌ́mtaimz] サムタイムズ

▶ My brother **sometimes** forgets to wipe his unko.

数・量・程度など 形容詞など 0733

3級

never

[névər] ネヴァァ

▶ My brother **never** lets go of his unko, even in bed.

数・量・程度など 形容詞など 0734

4級

副 ふつう，たいてい

父はたいてい昼ごろにうんこをしに帰ってくる。

0731 形容詞など 数・量・程度など

4級

副 しばしば，よく

祖父は午前0時にしばしば「うんこ！」とさけぶ。

0732 形容詞など 数・量・程度など

4級

副 ときどき

兄はときどきうんこをふくのを忘れる。

0733 形容詞など 数・量・程度など

3級

副 一度も～ない，決して～ない

弟はねるときも決してうんこを手放さない。

0734 形容詞など 数・量・程度など

3級

even

[íːvən] イーヴン

▶**Even** the president respects his unko.

数・量・程度など　形容詞など　0735

5級

good

[gud] グッド

▶Be a **good** boy and let go of that unko.

気分など　形容詞など　0736

5級

happy

[hǽpi] ヘァピィ

▶I'm **happy** we could all talk about unko.

気分など　形容詞など　0737

glad

[glæd] グレァド

▶I'm **glad** to get a compliment from you on my unko.

気分など　形容詞など　0738

3級

副 **〜でさえも，〜すら**

大統領(だいとうりょう)**ですらも**，かれのうんこには敬礼(けいれい)する。

0735 形容詞など 数・量・程度など

5級

形 **よい**

さあ，**いい**子(こ)だ。うんこを放(はな)しなさい。

0736 形容詞など 気分など

5級

形 **幸福(こうふく)な，楽(たの)しい**

みんなでうんこの話(はなし)ができて**幸(しあわ)せ**です。

0737 形容詞など 気分など

形 **うれしい**

きみにうんこをほめられるなんて**うれしい**。

0738 形容詞など 気分など

5級

great

[greit] グレイト

▶He is a **great** professional unko player.

気分など 形容詞など 0739

5級

fine

[fain] ファイン

▶How about a piece of unko? —I'm **fine**, thanks.

気分など 形容詞など 0740

5級

sad

[sæd] セァド

▶do unko while listening to a **sad** song

気分など 形容詞など 0741

5級

angry

[æŋgri] エァングリィ

▶Why are you doing unko with an **angry** face?

気分など 形容詞など 0742

5級

形 い大な，すばらしい

かれはい大なプロうんこ選手だ。

0739 形容詞など 気分など

5級

形 すばらしい，元気な，結構な

うんこを1個いかがですか？
—だいじょうぶです。ありがとう。

0740 形容詞など 気分など

5級

形 悲しい

悲しい曲を聞きながらうんこをする

0741 形容詞など 気分など

5級

形 おこった

どうしてそんな**おこった**顔でうんこをしているの？

0742 形容詞など 気分など

5級

sleepy

[slíːpi] スリーピィ

▶ I was talking about unko all night, so I'm **sleepy** today.

気分など 形容詞など 0743

5級

tired

[táiərd] タイアァド

▶ When you're **tired**, you should rub some unko on your shoulders.

気分など 形容詞など 0744

5級

busy

[bízi] ビズィ

▶ I'm so **busy** that I didn't notice when I did unko in my pants.

気分など 形容詞など 0745

5級

hungry

[hʌ́ŋgri] ハングリィ

▶ I'm **hungry** now, so let's stop doing unko for now.

気分など 形容詞など 0746

5級

形 **ねむい**

一晩（ひとばん）じゅううんこの話（はなし）をしていたので今日（きょう）は**ねむい**。

0743 形容詞など 気分など

5級

形 **つかれた**

つかれたときは，うんこをかたにぬるといいよ。

0744 形容詞など 気分など

5級

形 **いそがしい**

いそがしすぎて，うんこをもらしても気（き）づかなかった。

0745 形容詞など 気分など

5級

形 **おなかがすいた**

おなかがすいたので，いったんうんこを切（き）り上（あ）げよう。

0746 形容詞など 気分など

4級

thirsty

[θə́ːrsti] サ～スティ

▶If you're **thirsty**, you should rub some unko on your neck.

気分など 形容詞など 0747

5級

sick

[sik] スィック

▶I was **sick**, but I saw your unko so I feel better now.

気分など 形容詞など 0748

4級

interested

[íntəristid] インタレスティド

▶I'm **interested** in the latest unko.

気分など 形容詞など 0749

4級

full

[ful] フゥ

▶an aquarium **full** of unko

気分など 形容詞など 0750

4級

形 **のどのかわいた**

のどがかわいたら，うんこを首にぬるといいよ。

0747 形容詞など 気分など

5級

形 **病気の，気分が悪い**

気分が悪かったが，きみのうんこを見たら治った。

0748 形容詞など 気分など

4級

形 **興味がある**

ぼくは最新型のうんこに興味がある。

0749 形容詞など 気分など

4級

形 **いっぱいの，おなかいっぱいの**

うんこでいっぱいの水そう

0750 形容詞など 気分など

4級

excited

[iksáitid] イクサイティド

▸I get **excited** when I see unusual unko.

気分など 形容詞など 0751

5級

kind

[kaind] カインド

▸A **kind** person brought my unko home to me.

性格など 形容詞など 0752

5級

cute

[kju:t] キュート

▸A **cute** puppy is chasing a rolling piece of unko.

性格など 形容詞など 0753

5級

pretty

[príti] プリティ

▸put a **pretty** dress on a piece of unko

性格など 形容詞など 0754

4級

形 **わくわくした**

めずらしいうんこを見(み)ると**わくわく**する。

0751 形容詞など 気分など

5級

形 **親切(しんせつ)な**　名 **種類(しゅるい)**

親切(しんせつ)な人(ひと)がうんこを家(いえ)に届(とど)けてくれた。

0752 形容詞など 性格など

5級

形 **かわいい**

かわいい子犬(こいぬ)が転(ころ)がるうんこを
追(お)いかけている。

0753 形容詞など 性格など

5級

形 **かわいらしい,**
きれいな

うんこに**かわいい**ワンピースを
着(き)せる

0754 形容詞など 性格など

5級

cool

[kuːl] クーゥ

▸I had a **cool** logo made for my unko.

性格など 形容詞など 0755

4級

funny

[fʌ́ni] ファニィ

▸I have a **funny** story about unko. Do you want to hear it?

性格など 形容詞など 0756

gentle

[dʒéntl] ヂェントゥゥ

▸caress unko in a **gentle** way

性格など 形容詞など 0757

4級

friendly

[fréndli] フレンドリィ

▸He was **friendly** until we started talking about unko.

性格など 形容詞など 0758

5級

形 すずしい，かっこいい

うんこの**かっこいい**ロゴを作(つく)ってもらった。

0755 形容詞など 性格など

4級

形 おかしい

うんこの**おかしな**話(はなし)があるんだけど聞(き)く？

0756 形容詞など 性格など

形 やさしい

やさしい手(て)つきでうんこをなでる

0757 形容詞など 性格など

4級

形 友好的(ゆうこうてき)な

うんこの話(はなし)が始(はじ)まるまでは**友好的(ゆうこうてき)な**態度(たいど)だった。

0758 形容詞など 性格など

3級

active

[ǽktiv] エァクティヴ

▶ How **active** these pieces of unko are!

性格など 形容詞など 0759

3級

brave

[breiv] ブレイヴ

▶ The **brave** boy is getting very close to the unko.

性格など 形容詞など 0760

5級

delicious

[dilíʃəs] ディリシャス

▶ Even **delicious** food becomes unko after you eat it.

味など 形容詞など 0761

5級

sweet

[swi:t] スウィート

▶ I can only do unko while eating **sweet** things.

味など 形容詞など 0762

3級

形 活動的な

なんて活発なうんこだ。

0759 形容詞など 性格など

3級

形 勇気のある

勇かんな少年がうんこにギリギリまで近づいていく。

0760 形容詞など 性格など

5級

形 とてもおいしい

おいしい料理も，食べてしまえばうんこに変わる。

0761 形容詞など 味など

5級

形 あまい

あまいものを食べながらじゃないとうんこできない。

0762 形容詞など 味など

5級

hot

[hat] ハーッ

▶ I'll tell you now: it's so **hot** you'll do unko in your pants.

味など 形容詞など 0763

5級

cold

[kould] コウッド

▶ David's unko is **cold** like snow.

味など 形容詞など 0764

5級

hard

[hɑːrd] ハーァド

▶ hit unko with **hard** bread

味など 形容詞など 0765

3級

bitter

[bítər] ビタァ

▶ make a face like you ate something **bitter** when doing unko

味など 形容詞など 0766

5級

形 からい，暑い，熱い

言っておくけど，うんこがもれるくらい，からいよ。

0763 形容詞など 味など

5級

形 冷たい，寒い 名 (病気の)かぜ

デビッドのうんこは雪のように冷たい。

0764 形容詞など 味など

5級

形 かたい，難しい
副 一生けん命に

カチカチのパンでうんこをたたく

0765 形容詞など 味など

3級

形 苦い

苦いものを食べたような顔でうんこをする

0766 形容詞など 味など

3級

sour

[sáuər] サウアァ

▶make a face like you ate something **sour** when doing unko

味など 形容詞など 0767

3級

spicy

[spáisi] スパイスィ

▶pour ultra **spicy** sauce on unko

味など 形容詞など 0768

3級

salty

[sɔ́:lti] ソーゥティ

▶unko that's been pickled in **salty** water for a year

味など 形容詞など 0769

4級

soft

[sɔ:ft] ソーフト

▶unko about as **soft** as an eclair

味など 形容詞など 0770

3級

形 **すっぱい**

すっぱいものを食べたような顔でうんこをする

0767 形容詞など 味など

3級

形 **からい，スパイスの効いた**

うんこに激**から**ソースをかける

0768 形容詞など 味など

3級

形 **しょっぱい，塩からい**

しょっぱい水に1年間つけておいたうんこ

0769 形容詞など 味など

4級

形 **やわらかい**

エクレアくらいの**やわらか**さのうんこ

0770 形容詞など 味など

5級

be

[biː] ビー

▶I want to **be** unko.

動詞 動作 0771

5級

am

[æm] エァム

▶I **am** unko.

動詞 動作 0772

5級

are

[ɑːr] アーァ

▶We **are** unko.

動詞 動作 0773

5級

is

[iz] イズ

▶This **is** my favorite unko.

動詞 動作 0774

5級

動 ～である，いる

うんこになってみたい。

0771 動作 動詞

5級

動 ～である，いる

ぼくはうんこだ。

0772 動作 動詞

5級

動 ～である，いる

you, we, they などといっしょに使(つか)うのじゃ。

われわれはうんこだ。

0773 動作 動詞

5級

動 ～である，いる

これはぼくのお気(き)に入(い)りのうんこだ。

0774 動作 動詞

5級

do

[duː] ドゥー

▶ **Do** you have unko? —Yes, I **do**.

動詞 動作 0775

5級

like

[laik] ライク

▶ I **like** unko that's easy to hold.

動詞 動作 0776

5級

play

[plei] プレイ

▶ do unko while **playing** the organ

動詞 動作 0777

5級

have

[hæv] ヘアヴ

▶ I **have** 200 pieces of unko.

動詞 動作 0778

5級

動 ～する

助 否定文や疑問文をつくる

きみはうんこを持っていますか?

—はい, 持っています。

0775 動作 動詞

5級

動 好きだ 前 ～のような

私は持ちやすいうんこが好きだ。

0776 動作 動詞

5級

動 (スポーツを)する, (楽器を)演奏する, 遊ぶ

オルガンを演奏しながらうんこをする

0777 動作 動詞

5級

動 持っている, 食べる

うんこを200個持っています。

0778 動作 動詞

5級

want

[wɑnt] ワーント

▶I **want** a photo collection of unko.

動詞 動作 0779

5級

eat

[iːt] イート

▶do unko while **eating** *chirashi-zushi*

動詞 動作 0780

5級

drink

[driŋk] ドゥリンク

▶do unko while **drinking** *amazake*

動詞 動作 0781

5級

cook

[kuk] クック

▶do unko while **cooking** crab fried rice

動詞 動作 0782

5級

動 ほしい, (want toで) ～したい

うんこの写真集(しゃしんしゅう)がほしい。

0779 動作 動詞

5級

動 食(た)べる

ちらしずしを食(た)べながらうんこをする

0780 動作 動詞

5級

動 飲(の)む

あま酒(ざけ)を飲(の)みながらうんこをする

0781 動作 動詞

5級

動 料理(りょうり)する 名 料理人(りょうりにん)

カニチャーハンを作(つく)りながらうんこをする

0782 動作 動詞

動作

ACTIONS / STATES

5級

study

[stʌ́di] スタディ

▸do unko while **studying** law

動詞 動作 0783

5級

run

[rʌn] ラン

▸do unko while **running** backward

動詞 動作 0784

5級

walk

[wɔːk] ウォーク

▸do unko while **walking** on flames

動詞 動作 0785

5級

sing

[siŋ] スィング

▸**Sing** the hit song, "Unko of Love," together.

動詞 動作 0786

5級

動 勉強（べんきょう）する

法律（ほうりつ）を**勉強（べんきょう）し**ながらうんこをする

0783 動作 動詞

5級

動 走（はし）る

うしろ向（む）きに**走（はし）り**ながらうんこをする

0784 動作 動詞

5級

動 歩（ある）く，歩（ある）きで行（い）く 名 散歩（さんぽ）

ほのおの上（うえ）を**歩（ある）き**ながらうんこをする

0785 動作 動詞

5級

動 歌（うた）う

ヒット曲（きょく）「愛（あい）のうんこ」をみんなで**歌（うた）お**う。

0786 動作 動詞

5級

swim

[swim] スウィム

▶ The stunt man **swims** in the unko pool.

動詞 動作 0787

5級

skate

[skeit] スケイト

▶ **skate** on frozen unko

動詞 動作 0788

5級

ski

[ski:] スキー

▶ I fell while I was **skiing** and did unko in my pants.

動詞 動作 0789

5級

dance

[dæns] デァンス

▶ A man with unko and a tambourine is **dancing**.

動詞 動作 0790

5級

動 **泳ぐ**

スタントマンがうんこのプールで**泳ぐ**。

0787 動作 動詞

5級

動 **スケートをする**

こおったうんこの上で**スケートをする**

0788 動作 動詞

5級

動 **スキーをする**

スキーで転んだときにうんこがもれた。

0789 動作 動詞

5級

動 **おどる** 名 **ダンス**

うんことタンバリンを持った男が**おどって**いる。

0790 動作 動詞

5級

jump

[dʒʌmp] ヂャンプ

▶ Sam **jumped** beautifully and landed on top of the unko.

動詞 動作 0791

3級

throw

[θrou] スロウ

▶ roll up unko and **throw** it across the river

動詞 動作 0792

5級

read

[ri:d] リード

▶ **read** the small letters carved in the unko

動詞 動作 0793

5級

go

[gou] ゴウ

▶ **go** to my father's office to deliver unko

動詞 動作 0794

5級

動 **ジャンプする**

サムは見事にジャンプして，うんこの上に着地した。

0791 動作 動詞

3級

動 **投げる**

うんこを丸めて川の向こうに投げる

0792 動作 動詞

5級

動 **読む**

うんこに刻まれた小さな文字を読む

0793 動作 動詞

5級

動 **行く**

うんこを届けに父の会社へ行く

「ゴー」ではなく「ゴウ」と言うと英語らしく聞こえるぞい。

0794 動作 動詞

5級

turn

[təːrn] ターン

▸ **Turn** right and the principal is doing unko there.

動詞 動作 0795

5級

come

[kʌm] カム

▸ **Come** here and show the unko in your hand.

動詞 動作 0796

5級

buy

[bai] バイ

▸ **buy** unko, matches and gunpowder

動詞 動作 0797

4級

sell

[sel] セゥ

▸ I'll **sell** the unko I don't need anymore.

動詞 動作 0798

5級

動 曲がる　名 順番

そこを右に**曲がる**と校長先生がうんこをしていますよ。

0795 動作 動詞

5級

動 来る

こっちへ**来て**，手に持っているうんこを見せなさい。

0796 動作 動詞

5級

動 買う

うんことマッチと火薬を**買う**

0797 動作 動詞

4級

動 売る

いらなくなったうんこを**売ろう**。

0798 動作 動詞

5級

see

[siː] スィー

▸ **see** the unko lined up in the schoolyard from the roof

動詞 動作 0799

5級

look

[luk] ルック

▸ Stop doing unko for a minute and **look** here.

動詞 動作 0800

5級

listen

[lísn] リスン

▸ I always want to do unko when I **listen** to this song.

動詞 動作 0801

5級

get

[get] ゲッ

▸ If you ask him, you can **get** any kind of unko.

動詞 動作 0802

5級

動 見る，会う

校庭に並べたうんこを屋上から見る

0799 動作 動詞

5級

動 見る，～に見える

いったんうんこをやめてこっちを見なさい。

0800 動作 動詞

5級

動 聞く

この曲を聞くとなぜかうんこがしたくなる。

0801 動作 動詞

5級

動 手に入れる，(get toで) ～に着く

かれに言えばどんなうんこでも
手に入れられるよ。

0802 動作 動詞

5級

make

[meik] メイク

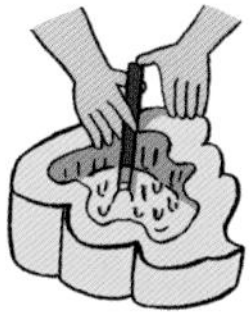

▸ carve unko and **make** a container

動詞 動作 0803

5級

enjoy

[indʒɔ́i] エンヂョイ

▸ roll pieces of unko and **enjoy** bowling

動詞 動作 0804

5級

practice

[prǽktis] プレァクティス

▸ Today let's **practice** doing unko under water.

動詞 動作 0805

4級

ride

[raid] ライド

▸ **ride** a unicycle holding unko in both hands

動詞 動作 0806

5級

動 作る

うんこをくりぬいて入れ物を作る

0803 動作 動詞

5級

動 楽しむ

うんこを転がしてボウリングを楽しむ

0804 動作 動詞

5級

動 練習する

今日は水中でうんこをする練習をしよう。

0805 動作 動詞

4級

動 乗る

うんこを両手に持って一輪車に乗る

0806 動作 動詞

5級

teach

[tiːtʃ] ティーチ

▸ **teach** students the correct way to hold unko

動詞 動作 0807

4級

visit

[vízit] ヴィズィッ

▸ **visit** a memorable spot where you did unko in your pants

動詞 動作 0808

5級

write

[rait] ライト

▸ use unko to **write** on *hanshi*

動詞 動作 0809

4級

draw

[drɔː] ドゥロー

▸ Why don't you try **drawing** something other than unko?

動詞 動作 0810

5級

動 教える

児童にうんこの正しいにぎり方を教える

0807 動作 動詞

4級

動 訪問する

うんこをもらした思い出の場所を訪れる

0808 動作 動詞

5級

動 書く

半紙にうんこで字を書く

0809 動作 動詞

4級

動 (線で絵を)かく

たまにはうんこ以外のものもかいてみない?

0810 動作 動詞

動作

ACTIONS / STATES

5級

take

[teik] テイク

▶He **takes** unko without hesitation.

動詞 動作 0811

4級

fly

[flai] フライ

▶I'll never believe the rumor that unko can **fly.**

動詞 動作 0812

5級

stand

[stænd] ステァンド

▶**stand** on unko and let out a roar

動詞 動作 0813

5級

sit

[sit] スィッ

▶I'll show you that I can do unko without **sitting.**

動詞 動作 0814

5級

動 手に取る，持っていく

彼は迷いなくうんこを**手に取る**。

「ふろに入る」，
「写真をとる」と
いうときにも
使うぞい。

0811 動作 動詞

4級

動 飛ぶ

うんこが空を**飛ぶ**なんて話，ぼくは信じない。

0812 動作 動詞

5級

動 立つ

おたけびを上げながらうんこの上に**立つ**

0813 動作 動詞

5級

動 すわる

うんこは**すわら**ないでもできるということをお見せします。

0814 動作 動詞

5級

clean

[kli:n] クリーン

▶ **clean** the hallway filled with unko

動詞 動作 0815

5級

talk

[tɔ:k] トーク

▶ Let's go to a café and **talk** about unko sometime.

動詞 動作 0816

5級

speak

[spi:k] スピーク

▶ unko that **speaks** French

動詞 動作 0817

4級

tell

[tel] テゥ

▶ **Tell** me why you put unko in the washing machine.

動詞 動作 0818

5級

動 そうじする　形 清潔(せいけつ)な

うんこまみれのろうかを**そうじする**

0815 動作 動詞

5級

動 話(はな)す

今度(こんど)カフェでうんこの**話(はなし)でもしましょう。**

0816 動作 動詞

5級

動 (言語(げんご)を)話(はな)す

フランス語(ご)を**話(はな)す**うんこ

0817 動作 動詞

4級

動 言(い)う，伝(つた)える

洗(せん)たく機(き)にうんこを入(い)れた理由(りゆう)を**言(い)いなさい。**

0818 動作 動詞

4級

say

[sei] セイ

▶ I **say**, “Goodbye,” when I flush unko down the toilet.

動詞 動作 0819

5級

brush

[brʌʃ] ブラシ

▶ **brush** unko until it sparkles

動詞 動作 0820

5級

cut

[kʌt] カッ

▶ Please **cut** this piece of unko into five with a knife.

動詞 動作 0821

4級

meet

[miːt] ミート

▶ I’m **meeting** my mentor, who taught me what unko is.

動詞 動作 0822

4級

動 言う，口に出す

ぼくはうんこを流すとき「さようなら」と言う。

0819 動作 動詞

5級

動 ブラシでみがく 名 ブラシ

うんこをみがいてピカピカにする

0820 動作 動詞

5級

動 切る

このうんこをナイフで5等分に切りなさい。

0821 動作 動詞

4級

動 会う

ぼくにうんこを教えてくれた恩人に会う。

0822 動作 動詞

5級

help

[help] ヘゥプ

▶ a robot that **helps** people who have done unko in their pants

動詞 動作 0823

5級

close

[klouz] クロウズ

▶ There's unko stuck in there so the window won't **close.**

動詞 動作 0824

5級

stop

[stap] スターップ

▶ I can't **stop** doing unko so suddenly.

動詞 動作 0825

4級

put

[put] プッ

▶ **put** a piece of unko on either side of the bed

動詞 動作 0826

5級

動 手伝う，助ける

うんこをもらした人を**助ける**ロボット

0823 動作 動詞

5級

動 閉じる，閉まる

うんこが引っかかって，窓が**閉め**られない。

0824 動作 動詞

5級

動 やめる，止まる

そんな急にうんこを**止める**のは無理だよ。

0825 動作 動詞

4級

動 置く

ベッドの両側にうんこを1つずつ**置く**

0826 動作 動詞

4級

think

[θiŋk] スィンク

▶I **think** that's my unko that you stepped on.

動詞 動作 0827

4級

join

[dʒɔin] ヂョイン

▶Would you like to **join** the "Mayoral Unko Study Tour?"

動詞 動作 0828

3級

touch

[tʌtʃ] タッチ

▶This unko shocks your hand if you **touch** it.

動詞 動作 0829

5級

wash

[wɑʃ] ワーッシ

▶**Wash** off unko that gets under your nails.

動詞 動作 0830

4級

動 思う，考える

きみがふんだのはぼくのうんこだと**思う**。

0827 動作 動詞

4級

動 参加する

「市長のうんこ見学ツアー」に**参加し**ませんか？

0828 動作 動詞

3級

動 さわる

このうんこに**さわる**と手がビリビリする。

0829 動作 動詞

5級

動 洗う

つめの間に入ったうんこもよく**洗い**ましょう。

0830 動作 動詞

4級

drive

[draiv] ドゥライヴ

▶I should have done unko before **driving.**

動詞 動作 0831

4級

sleep

[sli:p] スリープ

▶**sleep** with unko
by your pillow

動詞 動作 0832

4級

use

[ju:z] ユーズ

▶If you want, you can **use** this unko.

動詞 動作 0833

4級

call

[kɔ:l] コーゥ

▶I want to take this unko with me, so please **call** a taxi.

動詞 動作 0834

4級

動 **運転する**

運転する前にうんこをすませておけばよかった。

0831 動作 動詞

4級

動 **ねむる** 名 **すいみん**

sleepyで「ねむい」の意味じゃったな。

まくら元にうんこを置いてねむる

0832 動作 動詞

4級

動 **使う**

よかったらこのうんこ，使いますか？

0833 動作 動詞

4級

動 **呼ぶ，電話する**

うんこを運びたいのでタクシーを呼んでください。

0834 動作 動詞

4級

wear

[weər] ウェアァ

▸I wonder how many pieces of unko he **wears** on him.

動詞 動作 0835

5級

live

[liv] リヴ

▸**live** inside unko

動詞 動作 0836

5級

start

[stɑːrt] スターァト

▸OK, **start** doing unko on the count of 3.

動詞 動作 0837

4級

finish

[fíniʃ] フィニシ

▸If only I had this unko, I could **finish** the war.

動詞 動作 0838

4級

動 身(み)につけている

いったいかれはうんこをいくつ
身(み)につけているんだ。

0835 動作 動詞

5級

動 住(す)む，暮(く)らす

うんこの中(なか)で暮(く)らす

0836 動作 動詞

5級

動 始(はじ)める，始(はじ)まる，出発(しゅっぱつ)する

では「3，2，1」でうんこを始(はじ)めてください。

0837 動作 動詞

4級

動 終(お)わらせる，終(お)わる

このうんこさえあれば，戦争(せんそう)を終(お)わらせられる。

0838 動作 動詞

4級

wait

[weit] ウェイト

▶I'll be **waiting** at Tokyo Station with red unko.

動詞 動作 0839

5級

work

[wəːrk] ワ～ク

▶I want to buy more unko, so I'll **work** harder.

動詞 動作 0840

4級

lose

[luːz] ルーズ

▶If I **lose** the match, I'll never do unko again.

動詞 動作 0841

4級

send

[send] センド

▶I'll **send** you an e-mail later regarding the unko.

動詞 動作 0842

4級

動 待(ま)つ

赤(あか)いうんこを持(も)って東京駅(とうきょうえき)で待(ま)っています。

0839 動作 動詞

5級

動 働(はたら)く 名 仕事(しごと)

もっとうんこを買(か)いたいので，がんばって働(はたら)こう。

0840 動作 動詞

4級

動 負(ま)ける，なくす

もし試合(しあい)に負(ま)けたら，一生(いっしょう)うんこはしません。

0841 動作 動詞

4級

動 送(おく)る

あとでうんこの件(けん)でメールを送(おく)ります。

0842 動作 動詞

4級

order

[ɔ́ːrdər] オーダァ

▸ **order** a jersey for doing unko

動詞 動作 0843

5級

know

[nou] ノウ

▸ You don't **know** the true form of unko yet.

動詞 動作 0844

5級

give

[giv] ギヴ

▸ There's extra purple unko, so I can **give** you some.

動詞 動作 0845

4級

feel

[fiːl] フィーゥ

▸ It **feels** like I have unko on my back.

動詞 動作 0846

4級

動 **注文(ちゅうもん)する** 名 **注文(ちゅうもん)，順番(じゅんばん)**

うんこするとき用(よう)のジャージを**注文(ちゅうもん)する**

0843 動作 動詞

5級

動 **知(し)っている**

きみはまだ，うんこの本当(ほんとう)の姿(すがた)を**知(し)ら**ない。

0844 動作 動詞

5級

動 **あたえる**

むらさきのうんこなら余(あま)ってるから**あげる**よ。

0845 動作 動詞

4級

動 **感(かん)じる**

背中(せなか)にうんこがついているような**感(かん)じ**がする。

0846 動作 動詞

5級

leave

[liːv] リーヴ

▶ Tomorrow I **leave** this town with only one piece of unko.

動詞 動作 0847

3級

paint

[peint] ペイント

▶ **paint** unko pure white

動詞 動作 0848

3級

save

[seiv] セイヴ

▶ I'm **saving** to buy the unko I want.

動詞 動作 0849

feed

[fiːd] フィード

▶ My brother is **feeding** unko.

動詞 動作 0850

5級

動 去る，出発する

明日，うんこ1つだけ持って，この町を去る。

0847 動作 動詞

3級

動 (筆で)ぬる，ペンキをぬる

うんこをペンキで真っ白にぬる

0848 動作 動詞

3級

動 (お金などを)たくわえる，節約する，救う

ほしいうんこを買うために節約してるんです。

0849 動作 動詞

動 えさをやる

弟がうんこにえさをあげている。

0850 動作 動詞

4級

try

[trai] トゥライ

▶Let's **try** blowing air on unko with a dryer.

動詞 動作 0851

4級

ask

[æsk] エァスク

▶**ask** the teacher the correct way to hold unko

動詞 動作 0852

4級

stay

[stei] ステイ

▶I will **stay** in this village for a while to search for unko.

動詞 動作 0853

5級

love

[lʌv] ラヴ

▶I **love** drawing pictures of unko.

動詞 動作 0854

4級

動 **やってみる**

うんこにドライヤーで風(かぜ)を当(あ)ててみよう。

0851 動作 動詞

4級

動 **たずねる，たのむ**

先生(せんせい)にうんこの正(ただ)しい持(も)ち方(かた)をたずねる

0852 動作 動詞

4級

動 **たい在(ざい)する** 名 **たい在(ざい)**

うんこを探(さが)すため，しばらくこの村(むら)に
たい在(ざい)します。

0853 動作 動詞

5級

動 **大好(だいす)きだ** 名 **愛(あい)**

私(わたし)はうんこの絵(え)をかくのが大好(だいす)きだ。

0854 動作 動詞

4級

answer

[ǽnsər] エァンサァ

▸ Stop doing unko and **answer** the question.

動詞 動作 0855

3級

pass

[pæs] ペァス

▸ Could you **pass** me the unko on the shelf?

動詞 動作 0856

4級

become

[bikʌ́m] ビカム

▸ It will **become** a problem if you leave this unko alone.

動詞 動作 0857

4級

need

[niːd] ニード

▸ I definitely **need** your unko.

動詞 動作 0858

4級

動 **答える** 名 **答え**

wを忘れないようにするのじゃ。

うんこをやめて質問に**答え**なさい。

0855 動作 動詞

3級

動 **手わたす，**(試験などに)**合格する**

たなにあるうんこを**取って**くれませんか？

0856 動作 動詞

4級

動 **〜になる**

このうんこを放っておくとまずいことに**なる**。

0857 動作 動詞

4級

動 **必要とする**

どうしてもきみのうんこが**必要な**んだよ。

0858 動作 動詞

4級

show

[ʃou] ショウ

▸ I'll **show** you what real unko is.

動詞 動作 0859

4級

find

[faind] ファインド

▸ training to **find** unko in the dark

動詞 動作 0860

4級

forget

[fərgét] フォァゲッ

▸ **forget** how to flush unko down the toilet

動詞 動作 0861

4級

break

[breik] ブレイク

▸ We can't get to the unko unless we **break** this wall.

動詞 動作 0862

4級

動 見せる

では本当のうんこというものを
お見せしましょう。

0859 動作 動詞

4級

動 見つける

暗やみでうんこを**見つける**ための訓練

0860 動作 動詞

4級

動 忘れる

うんこの流し方を**忘れる**

0861 動作 動詞

4級

動 こわす

このかべを**こわさ**ないとうんこの所に
行けない。

0862 動作 動詞

4級

understand

[ʌndərstǽnd] アンダステァンド

▸ I **understand** the people who carry unko around.

動詞 動作 0863

3級

choose

[tʃu:z] チューズ

▸ **choose** a hat to put on unko

動詞 動作 0864

3級

mind

[maind] マインド

▸ I just got some unko on my face, so don't **mind** me.

動詞 動作 0865

4級

keep

[ki:p] キープ

▸ Please **keep** burning the unko until tomorrow morning.

動詞 動作 0866

4級

動 理解する

うんこを持ち歩く人が理解できる。

0863 動作 動詞

3級

動 選ぶ

うんこにかぶせるぼうしを選ぶ

0864 動作 動詞

3級

動 気にする 名 心, 精神

顔にうんこがついただけだから,
気にしないでいいよ。

0865 動作 動詞

4級

動 ～のままにする

明日の朝までうんこを燃やし続けてください。

0866 動作 動詞

3級

happen

[hǽpən] ヘァプン

▶ Something will **happen** to the unko tonight.

動詞 動作 0867

4級

change

[tʃeindʒ] チェインヂ

▶ When you chant the spell, this unko **changes** into a sword.

動詞 動作 0868

4級

move

[muːv] ムーヴ

▶ Unko **moves** little by little until it's out of the toilet.

動詞 動作 0869

4級

arrive

[əráiv] アライヴ

▶ When you **arrive** at the platform, yell "Unko!"

動詞 動作 0870

3級

動 **起(お)こる**

今夜(こんや)，うんこに何(なに)かが**起(お)きる**だろう。

0867 動作 動詞

4級

動 **変(か)わる** 名 **おつり**

このうんこはじゅ文(もん)を唱(とな)えるとけんに**変(か)わる**。

0868 動作 動詞

4級

動 **動(うご)く，動(うご)かす**

うんこが少(すこ)しずつ**動(うご)いて**トイレから出(で)る。

0869 動作 動詞

4級

動 **とう着(ちゃく)する**

ホームに**着(つ)いたら**「うんこ！」とさけんでください。

0870 動作 動詞

4級

build

[bild] ビゥド

▶ **build** a building to store unko

動詞 動作 0871

3級

exchange

[ikstʃéindʒ] イクスチェインヂ

▶ **exchange** unko after a game

動詞 動作 0872

5級

get up

[get ʌp] ゲッタップ

▶ Let's talk about unko as soon as we **get up** tomorrow morning.

動作を表すフレーズ 動作 0873

5級

wash my face

[wɑʃ mai feis] ワッシ マイ フェイス

▶ They took my unko while I was **washing my face.**

動作を表すフレーズ 動作 0874

4級

動 建てる

うんこを保管するためのビルを建てる

uを忘れないように気をつけるのじゃ。

0871 動作 動詞

3級

動 交かんする

試合後はたがいのうんこを交かんする

0872 動作 動詞

5級

起きる

朝起きたらすぐにうんこの話をしよう。

0873 動作 動作を表すフレーズ

5級

顔を洗う

顔を洗っている間にうんこを持っていかれた。

0874 動作 動作を表すフレーズ

5級

get the newspaper

[get ðə njú:zpeipər] ゲッ ザ ニューズペイパァ

▶ Don't do unko. And can you **get the newspaper**?

動作を表すフレーズ 動作 0875

5級

brush my teeth

[brʌʃ mai ti:θ] ブラシ マイ ティース

▶ Forget the unko, at least when you're **brushing your teeth.**

動作を表すフレーズ 動作 0876

4級

change my clothes

[tʃeindʒ mai klouz] チェインヂ マイ クロウズ

▶ I **change my clothes** every time I do unko.

動作を表すフレーズ 動作 0877

4級

put on my shoes

[put ən mai ʃu:z] プトン マイ シューズ

▶ The entrance is covered in unko so I can't **put on my shoes.**

動作を表すフレーズ 動作 0878

5級

新聞をとってくる

うんこなんかしてないで，**新聞をとってきて**。

0875 動作 動作を表すフレーズ

5級

歯をみがく

歯をみがくときくらい，うんこを置きなさい。

0876 動作 動作を表すフレーズ

4級

着がえる

私はうんこをするたびに服を**着がえ**ます。

0877 動作 動作を表すフレーズ

4級

くつをはく

げん関がうんこだらけで**くつがはけ**ない。

0878 動作 動作を表すフレーズ

5級

leave my house

[liːv mai haus] リーヴ マイ ハウス

▸I stepped in unko as soon as I **left my house.** left:leave の過去形

動作を表すフレーズ 動作 0879

5級

go to school

[gou tə skuːl] ゴウ トゥ スクーゥ

▸**go to school** while talking with my friend about unko

動作を表すフレーズ 動作 0880

5級

get to school

[get tə skuːl] ゲッ トゥ スクーゥ

▸I'll have done unko in my pants before I **get to school.**

動作を表すフレーズ 動作 0881

5級

study English

[stʌ́di íŋgliʃ] スタディ イングリシ

▸**study English** through unko drills

動作を表すフレーズ 動作 0882

5級

家を出発する

家を出発してすぐ，うんこをふんだ。

0879 動作 動作を表すフレーズ

5級

学校へ行く，登校する

友人とうんこの話をしながら学校へ行く

0880 動作 動作を表すフレーズ

5級

学校に着く，登校する

学校に着く前にうんこがもれるだろう。

0881 動作 動作を表すフレーズ

5級

英語を勉強する

うんこドリルで英語を勉強する

0882 動作 動作を表すフレーズ

5級

look at the picture

[luk ət ðə píktʃər] ルッカッ ザ ピクチャァ

▶ **look at the pictures** of old unko at the library

動作を表すフレーズ 動作 0883

4級

talk with a friend

[tɔːk wið ə frend] トーク ウィザ フレンド

▶ **talk with a friend** about how many times we do unko

動作を表すフレーズ 動作 0884

5級

go home

[gou houm] ゴウ ホウム

▶ I should have done unko before **going home.**

動作を表すフレーズ 動作 0885

5級

get home

[get houm] ゲッ ホウム

▶ Sometimes I **get home** without doing unko in my pants.

動作を表すフレーズ 動作 0886

5級

写真［絵］を見る

図書室で昔のうんこの写真を見る

0883 動作 動作を表すフレーズ

4級

友だちと話す

うんこをする回数について，友だちと話す

0884 動作 動作を表すフレーズ

5級

家に帰る，下校する

下校する前にうんこをしておけばよかった。

0885 動作 動作を表すフレーズ

5級

家に着く

たまにうんこをもらさずに家に着くこともある。

0886 動作 動作を表すフレーズ

4級

take off my shoes

[teik əf mai ʃu:z] テイコフ マイ シューズ

▸ When I **took off my shoes,** there was unko inside. took:take の過去形

動作を表すフレーズ 動作 0887

5級

do my homework

[du: mai hóumwə:rk] ドゥー マイ ホウムワ～ク

▸ play with unko after I **do my homework**

動作を表すフレーズ 動作 0888

4級

set the table

[set ðə téibl] セッ ザ テイボゥ

▸ Please don't do unko, but **set the table.**

動作を表すフレーズ 動作 0889

5級

wash the dishes

[waʃ ðə díʃiz] ワッシ ザ ディッシィズ

▸ keep an eye on the unko even when I **wash the dishes**

動作を表すフレーズ 動作 0890

4級

くつをぬぐ

くつをぬいだら，中にうんこが入っていた。

0887 動作 動作を表すフレーズ

5級

宿題をする

宿題をすませてからうんこで遊ぶ

0888 動作 動作を表すフレーズ

4級

食たくの用意をする

うんこではなく，食たくの用意をしてください。

0889 動作 動作を表すフレーズ

5級

食器を洗う

食器を洗うときもうんこから目をはなさない

0890 動作 動作を表すフレーズ

5級

watch TV

[wɑtʃ tìːvíː] ワーッチ ティーヴィー

▸ There's a big piece of unko in the way, so I can't **watch TV.**

動作を表すフレーズ 動作 0891

5級

take a bath

[teik ə bæθ] テイカ ベァス

▸ **take a bath** after rinsing off the unko on your body

動作を表すフレーズ 動作 0892

5級

go to bed

[gou tə bed] ゴウ トゥ ベッド

▸ **go to bed** with unko

動作を表すフレーズ 動作 0893

4級

wake up

[weik ʌp] ウェイカップ

▸ see a nightmare about unko and **wake up**

動作を表すフレーズ 動作 0894

5級

テレビを見る

大きなうんこがじゃまで**テレビが見え**ない。

0891 動作 動作を表すフレーズ

5級

ふろに入る

体についたうんこを流してから**ふろに入る**

0892 動作 動作を表すフレーズ

5級

ねる

うんこといっしょに**ねる**

0893 動作 動作を表すフレーズ

4級

目を覚ます

うんこの悪夢を見て**目を覚ます**

0894 動作 動作を表すフレーズ

5級

clean my room

[kli:n mai ru:m] クリーン マイ ルーム

▸ When I **cleaned my room,** I found a lot of unko.

動作を表すフレーズ 動作 0895

4級

water the flowers

[wɔ́:tər ðə fláuərz] ウォータァ ザ フラウアァズ

▸ **Water the flowers.** Also, water the unko.

動作を表すフレーズ 動作 0896

3級

take out the garbage

[teik aut ðə gá:rbidʒ] テイカウザ ガーァベヂ

▸ **take out the garbage** and take out the unko

動作を表すフレーズ 動作 0897

5級

walk my dog

[wɔ:k mai dɔ:g] ウォーク マイ ドーグ

▸ I found an interesting piece of unko when I **walked my dog.**

動作を表すフレーズ 動作 0898

5級

自分の部屋をそうじする

部屋をそうじしたらうんこがたくさん出てきた。

0895 動作 動作を表すフレーズ

4級

花に水をやる

花に水をやる。うんこにも水をやる。

0896 動作 動作を表すフレーズ

3級

ごみ出しをする

ごみ出しとうんこ出し

0897 動作 動作を表すフレーズ

5級

犬の散歩をする

犬の散歩のとき，めずらしいうんこを見つけた。

0898 動作 動作を表すフレーズ

4級

get on the bus

[get ən ðə bʌs] ゲトン ザ バス

▶put unko on your head and **get on the bus**

動作を表すフレーズ 動作 0899

4級

get off the bus

[get əf ðə bʌs] ゲトフ ザ バス

▶I did unko in my pants right before I **got off the bus.** got:get の過去形

動作を表すフレーズ 動作 0900

5級

go shopping

[gou ʃápiŋ] ゴウ シャーッピング

▶bring money and unko and **go shopping**

動作を表すフレーズ 動作 0901

4級

ride a bicycle

[raid ə báisikl] ライダ バイスィコゥ

▶**ride a bicycle** covered in unko

動作を表すフレーズ 動作 0902

4級

バスに乗る

頭にうんこをのせてバスに乗る

0899 動作 動作を表すフレーズ

4級

バスを降りる

バスを降りる直前にうんこがもれた。

0900 動作 動作を表すフレーズ

5級

買い物に行く

go ×to shopping とは
言わないぞい。

お金とうんこを持って
買い物に行く

0901 動作 動作を表すフレーズ

4級

自転車に乗る

うんこまみれの自転車に乗る

0902 動作 動作を表すフレーズ

4級

listen to music

[lísn tə mjú:zik] リスン トゥ ミューズィク

▶ My brother is doing unko while **listening to music.**

動作を表すフレーズ 動作 0903

5級

turn left

[tə:rn left] タ～ン レフト

▶ **Turn left** there and you're almost to the unko.

動作を表すフレーズ 動作 0904

5級

turn right

[tə:rn rait] タ～ン ライト

▶ Unko always **turns right** when I throw it.

動作を表すフレーズ 動作 0905

5級

go straight

[gou streit] ゴウ ストゥレイト

▶ push the unko out of the way and **go straight**

動作を表すフレーズ 動作 0906

4級

音楽を聞く

兄が音楽を聞きながらうんこをしている。

0903 動作 動作を表すフレーズ

5級

左に曲がる

そこを左に曲がればうんこまであと少しだよ。

0904 動作 動作を表すフレーズ

5級

右に曲がる

うんこを投げるとどうしても右に曲がってしまう。

0905 動作 動作を表すフレーズ

5級

まっすぐ進む

うんこをおしのけてまっすぐ進む

0906 動作 動作を表すフレーズ

動作

ACTIONS / STATES

3級

take care of ~

[teik keər əv] テイッケアオヴ

▶I spend 2 hours every day **taking care of** unko.

動作を表すフレーズ 動作 0907

5級

take a shower

[teik ə ʃáuər] テイカ シャウアァ

▶Don't do unko next to someone **taking a shower.**

動作を表すフレーズ 動作 0908

4級

take pictures

[teik píktʃərz] テイク ピクチァズ

▶**Take pictures** of that unko and send them to me.

動作を表すフレーズ 動作 0909

3級

look for the key

[luk fər ðə ki:] ルック フォ ザ キー

▶**look for the key** hidden in the unko

動作を表すフレーズ 動作 0910

3級

～の世話(せわ)をする

毎日(まいにち)うんこの世話(せわ)をするのに2時間(じかん)かかる。

0907 動作 動作を表すフレーズ

5級

シャワーを浴(あ)びる

人(ひと)がシャワーを浴(あ)びてる横(よこ)でうんこをしないで。

0908 動作 動作を表すフレーズ

4級

写真(しゃしん)をとる

そのうんこ，写真(しゃしん)にとって送(おく)ってよ。

0909 動作 動作を表すフレーズ

3級

かぎを探(さが)す

うんこの中(なか)にかくしたかぎを探(さが)す

0910 動作 動作を表すフレーズ

4級

stay home

[stei houm] ステイ ホウム

▶I'll **stay home** until the unko I ordered arrives.

動作を表すフレーズ 動作 0911

4級

enjoyed

[indʒɔ́id] インヂョイド

▶I **enjoyed** that school-wide simultaneous student unko.

過去の動詞 動作 0912

4級

went

[went] ウェント

▶My father **went** to Kenya to find the legendary unko.

過去の動詞 動作 0913

4級

came

[keim] ケイム

▶That unko **came** from the sea.

過去の動詞 動作 0914

4級

家にいる

注文したうんこが届くまで，家にいます。

0911 動作 動作を表すフレーズ

4級

動 楽しんだ（<enjoy）

全校児童同時うんこを楽しみました。

0912 動作 過去の動詞

4級

動 行った（<go）

父はまぼろしのうんこを探しにケニアへ行った。

0913 動作 過去の動詞

4級

動 来た（<come）

そのうんこは海からやって来た。

0914 動作 過去の動詞

4級

had

[hæd] ヘァド

▶ My grandfather **had** some of Sakamoto Ryoma's unko.

過去の動詞 動作 0915

4級

got

[gɑt] ガッ

▶ I **got** the ability to turn unko into magma.

過去の動詞 動作 0916

4級

saw

[sɔː] ソー

▶ I **saw** a man selling unko in the park.

過去の動詞 動作 0917

4級

ate

[eit] エイト

▶ You **ate** a fruit that turns the body into unko.

過去の動詞 動作 0918

4級

動 **持っていた，食べた**（<have）

祖父は坂本龍馬のうんこを**持っていた**。

0915 動作 過去の動詞

4級

動 **手に入れた**（<get）

うんこをマグマに変える能力を**手に入れた**。

0916 動作 過去の動詞

4級

動 **見た，会った**（<see）

公園でうんこを売っているおじさんを**見ました**。

0917 動作 過去の動詞

4級

動 **食べた**（<eat）

あなたが**食べた**のは，体がうんこになる実です。

0918 動作 過去の動詞

4級

made

[meid] メイド

▸ I **made** a device that can double the amount of unko.

過去の動詞 動作 0919

4級

bought

[bɔːt] ボート

▸ I **bought** a box to organize my unko.

過去の動詞 動作 0920

4級

left

[left] レフト

▸ A ship with everyone's unko on it **left** the port.

過去の動詞 動作 0921

4級

met

[met] メット

▸ I **met** someone who said, "I invented unko."

過去の動詞 動作 0922

4級

動 作(つく)った（<make）

うんこが2倍(ばい)に増(ふ)える装置(そうち)を**作った**。

0919 動作 過去の動詞

4級

動 買(か)った（<buy）

うんこを整理(せいり)するための箱(はこ)を**買った**。

0920 動作 過去の動詞

4級

動 出発(しゅっぱつ)した（<leave）

みんなのうんこをのせた船(ふね)が港(みなと)を**出発した**。

0921 動作 過去の動詞

4級

動 会(あ)った（<meet）

「私(わたし)がうんこを発明(はつめい)した。」という人(ひと)に**会った**。

0922 動作 過去の動詞

4級

gave

[geiv] ゲイヴ

▶I **gave** nutrients to my unko and it got bigger.

過去の動詞 動作 0923

4級

took

[tuk] トゥク

▶I **took** a lot of photos of unko.

過去の動詞 動作 0924

4級

said

[sed] セド

▶I **said** "Don't touch that unko," right?

過去の動詞 動作 0925

4級

wrote

[rout] ロウト

▶The teacher **wrote** "unko" on the blackboard.

過去の動詞 動作 0926

4級

動 あたえた(<give)

うんこに栄養をあたえたら大きくなってきた。

0923 動作 過去の動詞

4級

動 とった(<take)

うんこの写真をたくさんとった。

0924 動作 過去の動詞

4級

動 言った(<say)

「そのうんこにさわらないで」と
言ったよね?

0925 動作 過去の動詞

4級

動 書いた(<write)

先生は黒板に「うんこ」と書いた。

0926 動作 過去の動詞

4級

ran

[ræn] レァン

▸ I **ran** through the schoolyard swinging unko around.

過去の動詞 動作 0927

4級

sent

[sent] セント

▸ I packed unko and **sent** it to my brother in Tokyo.

過去の動詞 動作 0928

4級

spoke

[spouk] スポウク

▸ The unko **spoke** Japanese.

オハ・ヨ・・・ゴザ・・・マ・・・ス

過去の動詞 動作 0929

4級

told

[tould] トウゥド

▸ You **told** him where the unko is, didn't you?

過去の動詞 動作 0930

4級

動 **走(はし)った**（<run）

うんこをふり回(まわ)して校庭(こうてい)を**走(はし)った**。

0927 動作 過去の動詞

4級

動 **送(おく)った**（<send）

うんこをつめて東京(とうきょう)の兄(あに)に**送(おく)った**。

0928 動作 過去の動詞

4級

動 **話(はな)した**（<speak）

うんこが日本語(にほんご)を**話(はな)した**。

0929 動作 過去の動詞

4級

動 **伝(つた)えた**（<tell）

ちゃんとかれにうんこの場所(ばしょ)を**伝(つた)えました**か？

0930 動作 過去の動詞

5級

what

[hwɑt] フワット

▶ **What** is unko?

質問・疑問のことば　その他　0931

5級

where

[hweər] フウェアァ

▶ **Where** did you put my unko?

質問・疑問のことば　その他　0932

5級

when

[hwen] フウェン

▶ **When** was the last time you did unko in your pants?

質問・疑問のことば　その他　0933

5級

who

[huː] フー

▶ **Who** taught you how to do unko like this?

質問・疑問のことば　その他　0934

5級

代 **何** 形 **何の**

うんこって**何**ですか?

What'sは
What isを短くした
形じゃよ。

0931 その他 質問・疑問のことば

5級

副 **どこに, どこで**

ぼくのうんこを**どこ**へやった?

0932 その他 質問・疑問のことば

5級

副 **いつ**

最後にうんこをもらしたのは**いつ**ですか?

0933 その他 質問・疑問のことば

5級

代 **だれ**

だれにこんなうんこのしかたを教わりました?

0934 その他 質問・疑問のことば

4級

why

[hwai] フワイ

▶ **Why** do you show up whenever I talk about unko?

質問・疑問のことば その他 0935

5級

how

[hau] ハウ

▶ **How** did you find so much unko?

質問・疑問のことば その他 0936

5級

which

[hwitʃ] フウィッチ

▶ **Which** unko do you like better?

質問・疑問のことば その他 0937

5級

whose

[hu:z] フーズ

▶ I wonder **whose** unko will claim victory.

質問・疑問のことば その他 0938

4級

副 **なぜ**

なぜうんこの話(はなし)になると寄(よ)ってくるのですか?

0935 その他 質問・疑問のことば

5級

副 **どうやって，どんな**

これだけのうんこを**どうやって**
集(あつ)めたのですか?

0936 その他 質問・疑問のことば

5級

代 **どちらが** 形 **どちらの**

どちらのうんこがきみの好(この)みかな?

0937 その他 質問・疑問のことば

5級

形 **だれの**

はたして**だれの**うんこが優勝(ゆうしょう)にかがやくのか?

0938 その他 質問・疑問のことば

5級

how many

[hau méni] ハウ メニ

▶ **How many** pieces of unko do you have in your pocket?

質問・疑問のことば その他 0939

5級

how much

[hau mʌtʃ] ハウ マッチ

▶ **How much** does it cost to rent this unko for 2 days?

質問・疑問のことば その他 0940

5級

what time

[hwat taim] フワッ タイム

▶ About **what time** will the unko I ordered arrive?

質問・疑問のことば その他 0941

4級

north

[nɔːrθ] ノース

▶ Put the unko to the **north** of your bed and go to bed.

位置・方向など その他 0942

5級

いくつの

いったいポケットに**いくつの**うんこを入(い)れてるんだ？

0939 その他 質問・疑問のことば

5級

いくら

このうんこ，2日(ふつか)レンタルすると**いくら**ですか？

0940 その他 質問・疑問のことば

5級

何時(なんじ)

注文(ちゅうもん)したうんこ，**何時(なんじ)**ごろ届(とど)きますか？

0941 その他 質問・疑問のことば

4級

名 北(きた) 形 北(きた)の

うんこをベッドの**北(きた)**に置(お)いてねなさい。

0942 その他 位置・方向など

4級

south

[sauθ] サウス

▶ Unko came flying on a **south** wind.

位置・方向など その他 0943

4級

east

[iːst] イースト

▶ It is said that the Country of Unko lies in the far **east**.

位置・方向など その他 0944

4級

west

[west] ウェスト

▶ Unko is smeared on the **west** wall.

位置・方向など その他 0945

4級

block

[blɑk] ブラーック

▶ A man who can talk to unko lives in this **block**.

位置・方向など その他 0946

4級

名 南(みなみ)　形 南(みなみ)の

南風(みなみかぜ)に乗(の)ってうんこが飛(と)んできた。

0943 その他 位置・方向など

4級

名 東(ひがし)　形 東(ひがし)の

はるか東(ひがし)に，うんこの国(くに)があるという。

0944 その他 位置・方向など

4級

名 西(にし)　形 西(にし)の

西側(にしがわ)のかべにうんこがへばりついている。

0945 その他 位置・方向など

4級

名 ブロック，区画(くかく)

うんこと話(はな)せる男(おとこ)は，このブロックに住(す)んでいる。

0946 その他 位置・方向など

4級

corner

[kɔ́ːrnər] コーナァ

▸ Turn at the next **corner**, leave the unko, and go.

位置・方向など　その他　0947

4級

end

[end] エンド

▸ shoot the unko to the **end** of the street

位置・方向など　その他　0948

5級

right

[rait] ライト

▸ do unko at the **right** of the desk

位置・方向など　その他　0949

5級

left

[left] レフト

▸ smash the unko with only your **left** hand

位置・方向など　その他　0950

4級

名 **角**(かど)

次の**角**を曲がったところにうんこを置いていけ。

0947 その他 位置・方向など

4級

名 **終わり**(おわり)　動 **終わる**(おわる)

うんこを通りのつきあたりまで飛ばす

0948 その他 位置・方向など

5級

副 **右に**(みぎに)　形 **右の, 正しい**(みぎの, ただしい)

lightとまちがえ
ないように
気をつけるのじゃ。

机の**右側**(みぎがわ)でうんこをする

0949 その他 位置・方向など

5級

副 **左に**(ひだりに)　形 **左の**(ひだりの)　動 **出発した**(しゅっぱつした)

うんこを**左手**(ひだりて)だけでたたき割る

0950 その他 位置・方向など

5級

straight

[streit] ストゥレイト

▶ make a curved unko **straight**

位置・方向など　その他　0951

5級

in front of

[in frʌnt əv] イン フラントヴ

▶ There are some men with unko standing **in front of** the gate.

位置・方向など　その他　0952

4級

between A and B

[bitwíːn A ənd B] ビトゥウィーン A アンド B

▶ 12 pieces of unko **between the entrance and exit**

位置・方向など　その他　0953

5級

next to

[nekst tə] ネクストゥ

▶ do unko **next to** the principal

位置・方向など　その他　0954

5級

副 **まっすぐに**

曲がったうんこをまっすぐに直す

0951 その他 位置・方向など

5級

前 **～の前に**

門の前にうんこを持った男たちが立っている。

0952 その他 位置・方向など

4級

前 **AとBの間に**

入口と出口の間にある12個のうんこ

0953 その他 位置・方向など

5級

前 **～のとなりに**

校長先生のとなりでうんこをする

0954 その他 位置・方向など

5級

under

[ʌ́ndər] アンダァ

▸ I hid a 500 yen coin **under** the unko.

位置・方向など その他 0955

5級

in

[in] イン

▸ There is a key **in** the unko.

位置・方向など その他 0956

5級

into

[íntuː] イントゥー

▸ The unko ran away **into** the sea.

位置・方向など その他 0957

5級

out

[aut] アウト

▸ take all of the unko **out** of the house

位置・方向など その他 0958

5級

前 ～の下に

うんこの下に五百円玉をかくした。

0955 その他 位置・方向など

5級

前 ～の中に

うんこの中にカギが入っている。

0956 その他 位置・方向など

5級

前 ～の中へ

うんこが動いて海の中へにげていった。

0957 その他 位置・方向など

5級

副 外に，外に出て

全てのうんこを家の外に運び出す

0958 その他 位置・方向など

5級

on

[ɑn] アン

▶put unko **on** top of the speaker

位置・方向など その他 0959

5級

by

[bai] バイ

▶Doing unko **by** the fire is the best.

位置・方向など その他 0960

5級

near

[niər] ニアァ

▶There's a new unko shop **near** my house.

位置・方向など その他 0961

5級

at

[æt] エァト

▶do unko **at** the center of a jet runway

位置・方向など その他 0962

5級

前 **～の上に，(かべなど)にかかって**

スピーカーの上にうんこを置く

0959 その他 位置・方向など

5級

前 **～のそばに**

たきびのそばでするうんこは格別だ。

0960 その他 位置・方向など

5級

前 **～の近くに**

家の近くに新しいうんこショップができた。

0961 その他 位置・方向など

5級

前 **～時に，(場所)で**

「3時に」など
時刻を言うとき
にも使うのじゃ。

飛行機のかっ走路でうんこをする

0962 その他 位置・方向など

5級

of

[ʌv] アヴ

▸the theme song **of** unko

位置・方向など その他 0963

5級

to

[tu:] トゥー

▸roll a marble **to** the unko

位置・方向など その他 0964

5級

for

[fɔːr] フォーァ

▸But I prepared this unko **for** you.

位置・方向など その他 0965

5級

from

[frɑm] フラム

▸unko ordered **from** France

位置・方向など その他 0966

5級

前 **～の**

うんこのテーマソング

0963 その他 位置・方向など

5級

前 **～に向かって，～まで**

うんこに向かってビー玉を転がす

0964 その他 位置・方向など

5級

前 **～のために**

きみのために用意した
うんこなのに。

「1時間の間」
など期間を言うとき
にも使うのじゃ。

0965 その他 位置・方向など

5級

前 **～から**

フランスから取り寄せたうんこ

0966 その他 位置・方向など

5級

and

[ænd] エァンド

▶Please bring unko **and** your *inkan*.

位置・方向など その他 0967

5級

or

[ɔːr] オーァ

▶Do you have tanning oil **or** unko?

位置・方向など その他 0968

5級

with

[wið] ウィズ

▶I did unko **with** my father on a boat.

位置・方向など その他 0969

5級

about

[əbáut] アバウト

▶The biggest piece of unko in Japan is **about** 90 meters tall.

位置・方向など その他 0970

5級

接 ～と，そして

うんこと印(いん)かんを持(も)ってきてください。

0967 その他 位置・方向など

5級

接 または

サンオイルかうんこ，ありませんか？

0968 その他 位置・方向など

5級

前 ～といっしょに，～を使(つか)って

父(ちち)といっしょにボートの上(うえ)でうんこをした。

0969 その他 位置・方向など

5級

副 だいたい，およそ
前 ～について

日本最大(にほんさいだい)のうんこはおよそ90メートルある。

0970 その他 位置・方向など

5級

off

[ɔːf] オーフ

▸ First take **off** your unko-covered coat.

位置・方向など その他 0971

4級

away

[əwéi] アウェイ

▸ Step **away** from that unko right now!

位置・方向など その他 0972

5級

over

[óuvər] オウヴァ

▸ There are dozens of pieces of unko floating **over** the school.

位置・方向など その他 0973

5級

around

[əráund] アラウンド

▸ carry unko on your shoulders and parade **around** town

位置・方向など その他 0974

5級

前 〜からはなれて，割り引いて
副 はなれて

まずはうんこまみれのコートをぬぎなさい。

0971 その他 位置・方向など

4級

副 はなれて

今すぐそのうんこからはなれて！

0972 その他 位置・方向など

5級

前 〜の上のほうに，〜をおおって

校舎の上に数十個のうんこがうかんでいる。

0973 その他 位置・方向など

5級

前 〜のまわりに，〜じゅうで
副 あちこちに

うんこをかついで街じゅうを練り歩く

0974 その他 位置・方向など

4級

among

[əmʌ́ŋ] ア**マ**ング

▶ Taking pictures of unko is popular **among** young people.

位置・方向など　その他　0975

4級

along

[əlɔ́ŋ] ア**ロ**ング

▶ closely line pieces of unko up **along** the white line

位置・方向など　その他　0976

4級

across

[əkrɔ́s] アク**ロ**ス

▶ Just now unko went **across** the TV camera.

位置・方向など　その他　0977

3級

through

[θru:] ス**ル**ー

▶ Unko pierced **through** the wall and flew off.

位置・方向など　その他　0978

4級

前 ～の中(なか)で，～の間(あいだ)で

若者(わかもの)の間(あいだ)で，うんこの写真(しゃしん)をとるのがはやっている。

0975 その他 位置・方向など

4級

前 ～に沿(そ)って

白線(はくせん)に沿(そ)ってうんこをびっしり並(なら)べる

0976 その他 位置・方向など

4級

前 ～を横切(よこぎ)って

今(いま)，テレビカメラの前(まえ)をうんこが横切(よこぎ)った。

0977 その他 位置・方向など

3級

前 ～を通(とお)して

うんこがかべをつらぬいて飛(と)んでいった。

0978 その他 位置・方向など

3級

without

[wiðáut] ウィザウト

▸A life **without** unko is boring.

位置・方向など その他 0979

4級

as

[æz] エァズ

▸unko **as** hard **as** a diamond

位置・方向など その他 0980

5級

up

[ʌp] アップ

▸A balloon with unko went **up** to the sky.

位置・方向など その他 0981

5級

down

[daun] ダウン

▸hold unko in your arms and slide **down** the cliff

位置・方向など その他 0982

3級

前 ～なしで

うんこなしの人生(じんせい)なんてつまらない。

0979 その他 位置・方向など

4級

接 ～と同(おな)じくらい，～のように

ダイヤモンドと同(おな)じかたさのうんこ

0980 その他 位置・方向など

5級

副 上(うえ)へ，上(のぼ)って

うんこをくくりつけた風船(ふうせん)が空(そら)に上(あ)がっていった。

0981 その他 位置・方向など

5級

副 下(した)へ，下(くだ)って

うんこをだきかかえてがけを下(お)りる

0982 その他 位置・方向など

back

[bæk] ベアク

▶ go **back** to school to get the unko you forgot

位置・方向など その他 0983

4級

inside

[insáid] インサイド

▶ I poured gunpowder **inside** the unko.

位置・方向など その他 0984

4級

outside

[autsáid] アウトサイド

▶ Make sure to put unko **outside**.

位置・方向など その他 0985

5級

but

[bʌt] バッ

▶ I don't have my ticket, **but** I have unko.

時間・順番など その他 0986

副 **もどって**　名 **背中**（せなか）

忘（わす）れたうんこを取（と）りに学校（がっこう）にもどる

0983 その他 位置・方向など

4級

副 **内側**（うちがわ）**に**　前 **〜の内側**（うちがわ）**に**

うんこの内側（うちがわ）に火薬（かやく）をうめこんだ。

0984 その他 位置・方向など

4級

副 **外側**（そとがわ）**に**　前 **〜の外側**（そとがわ）**に**

うんこは屋外（おくがい）に置（お）きましょう。

0985 その他 位置・方向など

5級

接 **でも，しかし**

チケットは持（も）っていませんが，
うんこは持（も）っています。

batと
まちがえないように
気（き）をつけるのじゃ。

0986 その他 時間・順番など

5級

so

[sou] ソウ

▶ This unko is great, isn't it?
—Really? I don't think **so.**

時間・順番など その他 0987

4級

because

[bikɔ́:z] ビコーズ

▶ **Because** I was in a hurry, I mistook unko for my wallet.

時間・順番など その他 0988

4級

if

[if] イフ

▶ **If** you get any unko, please e-mail us right away.

時間・順番など その他 0989

4級

then

[ðen] ゼン

▶ I happened to not have any unko **then.**

時間・順番など その他 0990

5級

副 **そのように，そんなに**

接 **だから**

このうんこいいよね？
—本当？ そうは思わないな。

0987 その他 時間・順番など

4級

接 **なぜなら**

急いでいたので，財布とうんこを
まちがえました。

0988 その他 時間・順番など

4級

接 **もし～なら**

もしうんこが手に入ったらすぐメールください。

0989 その他 時間・順番など

4級

副 **そのとき，それから，そのあと**

そのときは，たまたまうんこを持って
なかったんです。

0990 その他 時間・順番など

5級

before

[bifɔ́ːr] ビフォーァ

▶I have to find some unko **before** daybreak.

時間・順番など その他 0991

5級

after

[ǽftər] エァフタァ

▶Doing unko **after** sports is the best.

時間・順番など その他 0992

4級

until

[əntíl] アンティゥ

▶unko that I kept **until** I became an adult

時間・順番など その他 0993

4級

during

[djúəriŋ] デュアリング

▶I made more unko friends **during** summer vacation.

時間・順番など その他 0994

5級

前 ～の前に　接 ～する前に

夜明け前にうんこを見つけなければ。

0991 その他 時間・順番など

5級

前 ～のうしろに，後に
接 ～した後に

スポーツの後のうんこは最高だ。

0992 その他 時間・順番など

4級

接 ～するまでずっと
前 ～までずっと

大人になるまでずっと身につけていたうんこ

0993 その他 時間・順番など

4級

前 ～の間に

夏休みの間にうんこ仲間が増えた。

0994 その他 時間・順番など

その他
OTHER

3級

while

[hwail] フワイゥ

▶ They lost 3 points **while** the keeper was doing unko.

時間・順番など その他 0995

5級

soon

[suːn] スーン

▶ The age of unko will be here **soon.**

時間・順番など その他 0996

5級

again

[əgén] アゲン

▶ Can you say that **again**? Did you just say "unko"?

時間・順番など その他 0997

4級

still

[stil] スティル

▶ I **still** can't get the leg that got caught in unko free.

時間・順番など その他 0998

3級

接 ～する間(あいだ)に，～と同時(どうじ)に

キーパーがうんこしている間(あいだ)に３点(てん)も決(き)められた。

0995 その他 時間・順番など

5級

副 すぐに，まもなく

もうすぐうんこの時代(じだい)がやってくる。

0996 その他 時間・順番など

5級

副 もう一度(いちど)

もう一度(いちど)お願(ねが)いします。今(いま)「うんこ」と言(い)いました？

0997 その他 時間・順番など

4級

副 まだ，い然(ぜん)として

うんこにはまった足(あし)がまだぬけません。

0998 その他 時間・順番など

5級

just

[dʒʌst] ジャスト

▸I shall do unko at **just** 12 o'clock.

時間・順番など その他 0999

4級

once

[wʌns] ワンス

▸**Once,** you could do unko all you wanted at this store.

時間・順番など その他 1000

5級

I

[ai] アイ

▸**I** am an unko professional.

代名詞・助動詞など その他 1001

5級

my

[mai] マイ

▸I wonder if you can still say that after seeing **my** unko.

代名詞・助動詞など その他 1002

5級

副 ちょうど

12時ちょうどにうんこを出してみせましょう。

0999 その他 時間・順番など

4級

副 かつては

この店も前はうんこし放題だったんだけどな。

1000 その他 時間・順番など

5級

代 私は

私はうんこの達人だ。

1001 その他 代名詞・助動詞など

5級

代 私の

私のうんこを見ても同じことが言えるかな。

1002 その他 代名詞・助動詞など

5 級

me

[miː] ミー

▶ Please give **me** a chance to do unko, too.

代名詞・助動詞など　その他　1003

5 級

mine

[main] マイン

▶ Whose unko is this?
—It's **mine.**

代名詞・助動詞など　その他　1004

5 級

you

[juː] ユー

▶ **You** are the one who taught me to do unko.

代名詞・助動詞など　その他　1005

5 級

your

[juər] ユア

▶ **Your** unko is on TV.

代名詞・助動詞など　その他　1006

5級

代 私(わたし)に，私(わたし)を

私(わたし)にもうんこをするチャンスをください。

1003 その他 代名詞・助動詞など

5級

代 私(わたし)のもの

このうんこ，だれの？—私(わたし)のです。

1004 その他 代名詞・助動詞など

5級

代 あなたは，あなたに

ぼくにうんこを教(おし)えてくれたのはあなただ。

1005 その他 代名詞・助動詞など

5級

代 あなたの

テレビにあなたのうんこが映(うつ)ってますよ。

1006 その他 代名詞・助動詞など

5級

he

[hiː] ヒー

▶ **He** will do unko instead of me.

代名詞・助動詞など その他 1007

5級

his

[hiz] ヒズ

▶ All in favor of **his** opinion, raise your unko.

代名詞・助動詞など その他 1008

5級

him

[him] ヒム

▶ Return the unko to **him**.

代名詞・助動詞など その他 1009

5級

she

[ʃiː] シー

▶ I'm certain. **She** just said, "Unko."

代名詞・助動詞など その他 1010

5級

代 かれは

かれがぼくのかわりにうんこをします。

1007 その他 代名詞・助動詞など

5級

代 かれの，かれのもの

かれの意見に賛成の人，うんこを挙げて。

1008 その他 代名詞・助動詞など

5級

代 かれに，かれを

かれにうんこを返しなさい。

1009 その他 代名詞・助動詞など

5級

代 かの女は

まちがいない。今かの女は「うんこ」と言った。

1010 その他 代名詞・助動詞など

5級

her

[həːr] ハ～

▶Unko splattered on **her** glasses.

代名詞・助動詞など その他 1011

5級

we

[wiː] ウィー

▶**We** worked together and returned the unko to the sea.

代名詞・助動詞など その他 1012

5級

our

[áuər] アウァ

▶Let's bundle **our** unko together.

代名詞・助動詞など その他 1013

5級

us

[ʌs] アス

▶We will never forget the unko our teacher gave **us**.

代名詞・助動詞など その他 1014

5級

代 かの女の，かの女に

かの女のめがねにうんこが飛んでしまった。

1011 その他 代名詞・助動詞など

5級

代 私たちは

私たちは力を合わせてうんこを海へもどした。

1012 その他 代名詞・助動詞など

5級

代 私たちの

私たちのうんこをひとまとめにしておきましょう。

1013 その他 代名詞・助動詞など

5級

代 私たちに，私たちを

先生が私たちにくれたうんこを忘れません。

1014 その他 代名詞・助動詞など

5級

they

[ðei] ゼイ

▶ **They** are pros at finding unko.

代名詞・助動詞など その他 1015

5級

their

[ðeər] ゼアァ

▶ There's not a single piece of unko in **their** house.

代名詞・助動詞など その他 1016

5級

them

[ðem] ゼム

▶ If you give **them** unko, something terrible will happen.

代名詞・助動詞など その他 1017

5級

it

[it] イット

▶ I have a treasure, too. **It**'s this unko.

代名詞・助動詞など その他 1018

5級

代 **かれらは**

かれらはうんこを探し出すプロだ。

1015 その他 代名詞・助動詞など

5級

代 **かれらの**

かれらの家にはうんこが1つも置いていない。

1016 その他 代名詞・助動詞など

5級

代 **かれらに，かれらを**

うんこを**かれらに**わたすと
おそろしいことになる。

1017 その他 代名詞・助動詞など

5級

代 **それは**

ぼくにも宝物がある。**それは**，このうんこだ。

1018 その他 代名詞・助動詞など

5級

this

[ðis] ズィス

▸ **This** is unko.

代名詞・助動詞など　その他　1019

5級

that

[ðæt] ゼァット

▸ **That** is unko, too.

代名詞・助動詞など　その他　1020

5級

these

[ði:z] ズィーズ

▸ **These** toothpicks are all for sticking in unko.

代名詞・助動詞など　その他　1021

5級

those

[ðouz] ゾウズ

▸ **Those** men were handing out unko.

代名詞・助動詞など　その他　1022

5級

代 **これ** 形 **この**

これはうんこです。

1019 その他 代名詞・助動詞など

5級

代 **あれ** 形 **あの**

あれもうんこです。

1020 その他 代名詞・助動詞など

5級

形 **これらの** 代 **これら**

このつまようじは全部(ぜんぶ)うんこにさすためのものだ。

1021 その他 代名詞・助動詞など

5級

形 **あれらの** 代 **あれら**

あそこのおじさんたちが，うんこを配(くば)ってたんです。

1022 その他 代名詞・助動詞など

5級

here

[hiər] ヒアァ

▶ The unko that was just **here** is gone.

代名詞・助動詞など その他 1023

5級

there

[ðeər] ゼアァ

▶ Today let's do unko over **there**.

代名詞・助動詞など その他 1024

5級

can

[kæn] ケァン

▶ I **can** do unko 80 times in a day.

代名詞・助動詞など その他 1025

4級

could

[kəd] クド

▶ When I was a child, I **could** talk to unko.

代名詞・助動詞など その他 1026

5級

名 **ここ** 副 **ここで**

さっきまで**ここ**にあったうんこが消(き)えている。

1023 その他 代名詞・助動詞など

5級

名 **あそこ** 副 **そこで，あそこに**

今日(きょう)は**あそこで**うんこをしましょう。

1024 その他 代名詞・助動詞など

5級

助 **〜できる**

私(わたし)は1日(にち)に80回(かい)うんこが**できる**。

1025 その他 代名詞・助動詞など

4級

助 **〜できた**

子(こ)どものころは，うんこと話(はな)すことが**できた**。

1026 その他 代名詞・助動詞など

その他 OTHER

4級

will

[wil] ウィゥ

▶ Unko **will** start pouring down from the sky very soon.

代名詞・助動詞など　その他　1027

4級

would

[wud] ウド

▶ Ken **would** like this piece of unko.

代名詞・助動詞など　その他　1028

4級

should

[ʃud] シュド

▶ You **should** stop talking about unko soon.

代名詞・助動詞など　その他　1029

4級

must

[mʌst] マスト

▶ Someday we **must** say goodbye to unko.

代名詞・助動詞など　その他　1030

4級

助 **～だろう**

まもなくうんこが空(そら)から降(ふ)り注(そそ)ぐ**だろう**。

1027 その他 代名詞・助動詞など

4級

助 **～だろう**

ケンはこのうんこを気(き)に入(い)る**だろう**。

1028 その他 代名詞・助動詞など

4級

助 **～すべきだ**

そろそろうんこの話(はなし)はやめた**ほうがいい**よ。

1029 その他 代名詞・助動詞など

4級

助 **～しなければならない，～にちがいない**

いつかはうんこと別(わか)れ**ねばならない**。

1030 その他 代名詞・助動詞など

5級

yes

[jes] イエス

▶ **Yes**, it's thanks to unko.

あいさつ・会話 あいさつ・会話 1031

5級

no

[nou] ノウ

▶ **No**, I don't have any unko today.

あいさつ・会話 あいさつ・会話 1032

5級

Hi.

[hai] ハイ

▶ **Hi.** How about doing unko together?

あいさつ・会話 あいさつ・会話 1033

5級

Hello.

[helóu] ヘロウ

▶ My grandfather says, "**Hello,**" to his unko.

あいさつ・会話 あいさつ・会話 1034

5級

間 **はい**

はい，うんこのおかげです。

1031 あいさつ・会話 あいさつ・会話

5級

間 **いいえ**

いや，今日はうんこを持ってないんだ。

1032 あいさつ・会話 あいさつ・会話

5級

やあ。

友だちなどに
使うとよいぞ。

やあ。いっしょにうんこでも
しない？

1033 あいさつ・会話 あいさつ・会話

5級

こんにちは。 （電話で）**もしもし。**

祖父は自分のうんこに「**こんにちは。**」と言う。

1034 あいさつ・会話 あいさつ・会話

5級

Nice to meet you.

[nais tə miːt ju] ナイス トゥ ミーチュ

▶ **Nice to meet you.** My name is Unkoda.

あいさつ・会話 あいさつ・会話 1035

5級

Goodbye.

[gu*d*bái] グッバイ

▶ I'll say "**Goodbye,**" to the unko now.

あいさつ・会話 あいさつ・会話 1036

5級

See you.

[siː ju] スィー ユ

▶ **See you.** That was some good unko.

あいさつ・会話 あいさつ・会話 1037

5級

Thank you.

[θæŋk juː] セァンキュー

▶ 2 pieces of unko to go. **Thank you.**

あいさつ・会話 あいさつ・会話 1038

5級

はじめまして。

はじめまして。うんこ田と申します。

1035 あいさつ・会話 あいさつ・会話

5級

さようなら。

そろそろうんこに「**さようなら。**」を言おう。

1036 あいさつ・会話 あいさつ・会話

5級

またね。

またね。いいうんこだったよ。

1037 あいさつ・会話 あいさつ・会話

5級

ありがとうございます。

うんこ２個お持ち帰りで。**ありがとうございます。**

1038 あいさつ・会話 あいさつ・会話

5級

You're welcome.

[jər wélkəm] ユァ ウェゥカム

▸ **You're welcome.** It's just some unko I don't need.

あいさつ・会話 あいさつ・会話 1039

5級

I'm sorry.

[aim sɔ́:ri] アイム ソーリィ

▸ **I'm sorry** for covering the hallway in unko.

あいさつ・会話 あいさつ・会話 1040

5級

Welcome to ～.

[wélkəm tə ～] ウェゥカム トゥ ～

▸ **Welcome to** unko paradise.

あいさつ・会話 あいさつ・会話 1041

5級

OK.

[òukéi] オウケイ

▸ I'll come over to play later with some unko. —**OK.**

あいさつ・会話 あいさつ・会話 1042

5級

どういたしまして。

どういたしまして。もう不要のうんこですから。

1039 あいさつ・会話 あいさつ・会話

5級

ごめんなさい。

ろうかをうんこまみれにしてしまい，
ごめんなさい。

1040 あいさつ・会話 あいさつ・会話

5級

～へようこそ。

うんこの楽園へようこそ。

1041 あいさつ・会話 あいさつ・会話

5級

よいです。だいじょうぶです。

あとでうんこを持って遊びに行くね。—OK。

1042 あいさつ・会話 あいさつ・会話

5級

Sure.

[ʃuər] シュアァ

▶ **Sure.** There's plenty more unko.

あいさつ・会話 あいさつ・会話 1043

5級

Let's ～.

[lets ～] レッツ ～

▶ **Let's** tie some unko to a balloon and let it fly.

あいさつ・会話 あいさつ・会話 1044

5級

How about ～?

[hau əbáut ～] ハウ アバウト ～

▶ **How about** putting a name tag on the unko?

あいさつ・会話 あいさつ・会話 1045

5級

Can you ～?

[kæn ju: ～] ケァニュー ～

▶ **Can you** hold this unko for me?

あいさつ・会話 あいさつ・会話 1046

5級

もちろんいいですよ。

もちろんどうぞ。うんこならまだまだありますから。

「OK」と同じように使える便利な返事だぞい。

1043 あいさつ・会話 あいさつ・会話

5級

～しよう。

風船にうんこをくくりつけて空に飛ばそうよ。

1044 あいさつ・会話 あいさつ・会話

5級

～はどうですか。

うんこに名札をつけておくのはどうですか？

1045 あいさつ・会話 あいさつ・会話

5級

～してくれる？

ちょっとこのうんこ持っててくれる？

「～できますか」という意味でも使われるのじゃ。

1046 あいさつ・会話 あいさつ・会話

5級

Can I ~?

[kæn ai ~] ケァナイ ~

▶ **Can I** pet this unko?

あいさつ・会話 あいさつ・会話 1047

4級

May I ~?

[mei ai ~] メイ アイ ~

▶ **May I** start talking about unko now?

あいさつ・会話 あいさつ・会話 1048

5級

Dear ~,

[diər] ディアァ

▶ **Dear** son, I'm sending you this month's unko supply.

あいさつ・会話 あいさつ・会話 1049

5級

Good luck.

[gud lʌk] グッド ラック

▶ I hope you don't do unko in your pants. **Good luck.**

あいさつ・会話 あいさつ・会話 1050

5級

～してもいい？

このうんこ，なでてもいいですか？

1047 あいさつ・会話 あいさつ・会話

4級

～してもよろしいですか。

そろそろうんこの話を始めてよいでしょうか。

1048 あいさつ・会話 あいさつ・会話

5級

親愛なる～様へ

親愛なる息子へ。今月分のうんこ送ります。

1049 あいさつ・会話 あいさつ・会話

5級

幸運をいのります。

うんこをもらさないといいですね。
幸運をいのります。

1050 あいさつ・会話 あいさつ・会話